大夏书系·名师讲坛

可以这样教作文

24位名师的小学作文教学经验

余文森 林高明 郑华枫◎主编

华东师范大学出版社
EAST CHINA NORMAL UNIVERSITY PRESS

图书在版编目(CIP)数据

可以这样教作文:24位名师的小学作文教学经验/余文森,
林高明,郑华枫主编. —上海:华东师范大学出版社,2009

　ISBN 978 - 7 - 5617 - 7053 - 5

　Ⅰ.可… Ⅱ.①余…②林…③郑… Ⅲ.作文课—教
学研究—小学 Ⅳ.G623.242

　中国版本图书馆 CIP 数据核字(2009)第 059070 号

大夏书系·名师讲坛

可以这样教作文
——24 位名师的小学作文教学经验

主　　编	余文森
执行主编	林高明　郑华枫
策划编辑	朱永通
文字编辑	张万珠
封面设计	大象设计
责任印制	殷艳红

出版发行	华东师范大学出版社
社　　址	上海市中山北路 3663 号　　邮编 200062
电话总机	021 - 62450163 转各部门
邮购电话	021 - 62869887
网　　址	www. ecnupress. com. cn

印 刷 者	北京密兴印刷有限公司
开　　本	700×1000　16 开
印　　张	13
字　　数	180 千字
版　　次	2009 年 6 月第一版
印　　次	2019 年 8 月第十一次
书　　号	ISBN 978 - 7 - 5617 - 7053 - 5/G·3955
定　　价	25.00 元

出 版 人	朱杰人

(如发现本版图书有印订质量问题,请寄回本社市场部调换或电话 021 - 62865537 联系)

目 录

目 录

序·如何以名师为师

余文森

　　每一个名师都是一部形象生动、内蕴丰厚的活生生的教育学。真正的名师总是将深博的人文情怀、深厚的教育素养、广博精深的学科素养及自由灵动的教育教学方法、艺术浑然无间地融为一体，是人格力量、教育思想和教学实践完美的演绎。由此，才能诞生出如此令人如痴如醉、流连忘返的教育教学的境界。

　　许许多多的教师都仰慕之，向往之，仿效之。毋庸赘言，名师是教师专业成长的重要的精神滋养品与思想启示录。追溯众多名师的成长历程，我们无一例外地发现：名师的成长离不开前辈、同辈甚至后辈名师的哺育。学习名师是锻造教师成功、成才、成大器的阶梯。以名师为师，以大师为师，才有可能提升自己的教育教学的品位，探寻到正确的方向，成就自我。

然而，为什么成千上万的教师都煞费苦心地向名师学习，而真正学有所得、学有所成者却寥寥无几呢？这就需要我们进行认真的审视与深思：我们要向名师们学习什么？我们应该怎样学习名师？

在我看来，如何学习名师决定了学习者的学习成效及成长的方向。如不审问、不慎思、不明辨就轻易学习，就是盲信、盲目、盲从、盲动，则可能就会与学习者及名师的本心背道而驰、相去甚远。明代著名的思想家李贽在谈到读书时，提出了非常有见地的观点。他在《读书乐并引》中写道："夫读书论世，古多有之，或见皮面，或见体肤，或见血脉，或见筋骨，然至骨极矣。"学习名师也如李贽所论的读书一样：有的人只见皮毛，有的人只见血肉，有的人则见筋骨，有的人则见精髓。实事求是地说，在向名师学习的过程中，大多人只学其皮肉与体肤，能学到筋骨的很少，至于学其精髓的更是少之又少，几至于无。常见的做法是，大家或直截了当照搬照抄某名师的某教案来上课；或热衷于复制某名师的某一招数、方法；或临摹某名师的某些课堂教学用语……至于名师们之所以这么设计、之所以这么引领教学，他们常常是漠不关心、弃之不顾的。其结果是，仅仅学习一些招、术、法、式，而失却了精、气、神、韵。小"学"大遗，有形无神，乃至于画虎不成反类犬。

解读与学习名师课堂教学的"精彩"，不能只为其课堂教学中呈现出的绚丽多彩所迷醉，而不去探究这美丽的内在精神与精髓是什么。我们要有智慧与思想来透视名师统领精彩的课堂教学的教育教学思想、理论、原理、规律等内在的机理。这一系列图书的意义就在于引导教师探索名师课堂教学的内在奥秘，体味名师课堂中至精至微、至妙至玄的内在意蕴。学习者知其然，并知其所以然。在此基础上的学习，才可能触及教师的精神领域与心灵世界，并化为自身成长的内在力量。

　　名师之"学"，学之在"明"！

2009 年 3 月 28 日

1. 作文，美丽的生命之流

薛瑞萍

浩荡而又沉静，广博而又精微；上接千载，旁通万里；外及宇宙洪荒，内应方寸翕动，这是生命的语文——也是我毕生追求的理想的语文。

我知道，毕我一生，也不能达到这样的境界。但这不重要——重要的是，作为语文教师，我知道自己走在通往理想之境的道路上。

朗读：对语感不懈的追求

一切阅读，本质都是倾听。

儿童离开无拘无束的游戏天地来到学校，要想让他们热爱语文该怎样做呢？在我看来，最好也是最持久的方法，是向儿童展示语文的美丽——听见封存在文字里的好听的声音。

2004 年 4 月，南京东南大学的礼堂里，一位年轻的老师执教"对联课"。20 分钟里，老师带领二年级的孩子，或击掌，或叩桌，一组接一组，男生连女生，反反复复、来来回回地念：

天对地，室对家，落日对流霞。

黄鹂对翠鸟，甜菜对苦瓜。

狗尾草，鸡冠花。

白鹭对乌鸦。

门前栽果树，塘里养鱼虾。

有时三点两点雨，到处十枝五枝花。

就这样，一遍又一遍，一遍又一遍。

当轻而脆的击掌声、柔而温的叩击声和着甜津津的童音送出这古老而清新的韵句，整个礼堂里一片圣洁的宁静，台上台下所有的人都忘记了自己身在何处。当老师给"重逢"对出"再见"，并告诉他们："下课了，同学们，再见吧。"——不仅是学生，所有与会者都感到了莫名的不舍与淡淡的伤感。

这是我听过的最为简单清浅的一课。

然而，正是它的简单清浅，契合了儿童学习的内在节奏。在循环往复的诵读中，产生了一种让人流连忘返的旋律。随着清新温暖的旋律，学生也好，观众也罢，情不自禁沉醉其中——像小草依着风的方向起伏，像舞者顺从乐的节奏婆娑。

这是儿童学习的节奏，这也是日生日落、潮起潮伏的节奏。这是真正的天籁。教师适应儿童的节奏——这是真正的语文学习的皈依。那个时候的所有人，听见了一样的呼唤，走在了同一条路上——回家——回到母语的怀抱。

我始终以为，一年级是带领学生找到文字的韵律之美，也就是培养语感的关键时期——错过了，就长久地错过了。

再紧，也要给足时间培养语感。没有语感，语文成什么了？枯燥的知识的碎屑而已。语感是高贵优雅的精神之花，必须从小着手培植。

在一年级的语文课堂上，我的讲解很少，除了认字、写字，时间和精力几乎都用在朗读训练上了——事实证明，这样做是对的。因为我抓住了最迫在眉睫和不容耽搁的事情。

我不知道大家怎样评价一个学生的语文水平，有人说是考试分数，也有人说是作文。我有一个更简单的方法：听一听一个孩子不经练习朗读一篇陌生的文章，看他是否有语感，大致就可以知道他的语文能力了。

日有所诵：对天赋之门的叩启

一年级，我的语文课除了识字、写字，大部分时间用于朗读指导了，组词、造句，从没有做过。连二类字我也没有在黑板上教过，为什么？因为有"日有所诵"的底子，几乎所有的生字，当他们在教材里遇见的时候，都早已经混了个脸熟。

是否会组词，决定于孩子词汇量是否丰富，不是仅仅靠课堂可以学会的。如果他的词语储备里有这个词，说出来不过是展示而已；至于原本不会的孩子，脱离了具体的阅读语境，就算他生吞活剥背下了这个词，又有什么实际意义呢？造句的道理基本一样。所以，我的课堂上不做这样的事情。

不仅如此，除了"日有所诵"和后来的"每天一句"、日记，我不布置家庭作业——所有的作业都在校内完成。就在教室里，孩子们的作业交上来，我一一地看，错了当场拿回去订正。快而好的孩子，在课堂上做完作业就看课外书；慢一点的，往课余拖一点。这是最到位的面批细改，不仅保证了作业质量，而且延缓了两极分化的趋势。

腹有诗书气自华。读书读到一定程度，可以说，教学也好，班级管理也好，没有什么可以难住我的。平时上课就是妙语连珠、掌声不断，或悲或喜、或嗔或怒——调动学生的情绪，于我而言像乐师按动琴键一样得心应手。课堂教学效果好了，课业负担自然轻；课业负担轻了，学生自然乐意读；学生读书多了，上课就更轻松；上课更轻松了，他们就更喜欢读。长此以往，良性循环，底厚力足，浩然之气渐渐乎生。什么思维呀，理解呀，写作呀，各种能力水到渠成——鱼儿养到大海里，想小都难呢。

南怀瑾有一个学生，是学理科的，凡事都讲究严谨和精确。有一回，该学生听见老师弹古琴，觉得很好，表示他也要学，不过因为时间紧张，每天只练10分钟。

"真是一个科学怪人！"南怀瑾和其他弟子都笑了，因为每天10分钟怎么能够学精一门技艺呢？

可是10年之后，所有学古琴的弟子中，这个科学怪人弹得最好。为什么？因为10年中间，这个学生虽然每天只练习10分钟——一分不多、一分不少，但他未曾一日间断。

于是南怀瑾长叹：日积月累的功夫是伟大到令人敬畏的！

杜威说：连续性是教育学的一个重要原则。师生必须共同生活三年以上，才可以彼此发生深刻持久的影响。

我是小学教师，我有整整六年和我的孩子们在一起厮磨——六年日有所诵地做下来，会是怎样一种深厚的积累？我不想说"坚持"，因为坚持这个词带着我和我的孩子们不曾有的苦味。真实的情况乃是，当《新编儿歌365夜》即将背完的时候，很多学生及家长都急不可待地来问我："老师，我们下面背哪一本儿歌？"

一个中等水平的孩子，刚刚学完拼音就开始课外阅读了。到后来，背诵两首儿歌只要10分钟左右的时间。我们就由此坚持了下来——每天10分钟。大家算一算，六年下来，孩子的精神世界将因这每日10分钟发生怎样巨大的变化？

当然，大多数的诗歌，他们背过就忘记了。忘记了又怎么样？细雨洒落大地，短暂的润泽之后，也许没有留下痕迹，然而当嫩嫩的芽儿从黑色的泥土里冒出来的时候，我们才记起了雨的光临。

《新编儿歌365夜》背完之后，我的朋友常丽华编印了《儿童诗歌100首》，我的孩子们也同时在读它。与儿歌相比，这是另外一种节奏，更丰富，更富于变化。所以每次的读书课上，教师先带学生读两遍，大致找到诗句的节奏，然后才让他们回去背。

"我的孩子真好玩，一读诗就必须抬手比画，你让他手不动，他说那样他就没法读。"李德昊的母亲告诉我。

我笑了，这和我一样。我们都在用手找语言的节点，在我们师生这里，语言的节奏和韵律已然是一件可触摸的亲切的有温度的东西。

"连续反复的活动，可以叩开儿童天赋的大门。"（蒙台梭利）

阅读：一片丰沃的田野

在我们班级，读书课分三块，其中，第一块是教师每周抽查"儿歌"、"儿童诗"。第二块，就是孩子们向我自由展示他们阅读"另一本"的收获。大家都抢着要上台汇报一周来读到的好故事、好文章，时间常常不够用，所以一般情况下，星期三的课间，我是不回办公室的——没有尽兴的孩子，下课了，排着队念书给我听。

我的学生书包里是时刻装着"另一本"的。做完作业，他们很自然地就掏出书来津津有味地看，有时候还互相交流。"老师，他们都不跟我换。"有的孩子这样"告状"。问一问，答案是教师预料之中的——"他不爱惜书！""他借人的书不还！"结果是把"告状"的孩子批评一通。现在孩子都知道了，能否换到书，是自己做人成功与否的一个标志，读书的根本目的在于做人。

每周的读书课是一个早自习，再连着上两节语文课——在课时紧张的一年级，这样做是要靠坚定信念维持的：那就是，读书是大海，唯有让这海洋够辽阔，语文能力的鱼，才能养得鲲一样大。一旦孩子的阅读上路了——课外阅读调来四面八方的涓涓细流，汇聚成充沛的水量托起学生的语文能力之舟，同时也滋养着他们的人文精神之树，开拓着他们的智力背景。

第三块是习作。曾经接到韩玉琛父亲的一封来信。这位淳朴的工人师傅建议：让孩子在儿歌后面写上一两句类似于读后感的话，一来可以充分理解儿歌的意思，二来可以训练书面表达能力。

我读了很感动，立刻打电话和他沟通："这正是我们要做的啊。谢谢您的建议，这件事情就先从你家韩玉琛做起吧。"我还告诉他："未必要写读后感，那样内容太狭窄，也容易把孩子吓住。随便什么都可以写，现在一日一句，将来一日一段，长此以往，不得了啊。"

第一个写话的是韩玉琛。读书课上，我把她写的一句话念给大家听，并给她两个100分——一个是给儿歌背诵的，一个是给这一句话的。韩玉琛举着双百分在教室里四下"招摇"。面对着其他孩子羡慕的目光我知道下星期将发生什么。

果然，下星期有十几个孩子得了双百——下下个星期是二十多，下下下个星期是三十多。不知不觉中，当最弱的几个孩子也在儿歌书上写一句话的时候，最强的一批，已经在本子上有模有样地写日记了！

星星之火自然地燎原——全班孩子开始兴致勃勃写日记。

我的日记每天贴到网上，我有一批网友学生，他们在爸爸妈妈的帮助下，也学着我的样子在网络论坛开帖写日记——班级是一个有机的整体，一个班级有了十来个这样的领头羊，全班哗啦啦都跟了上来，而且进步的速度惊人。

就这么不知不觉中，一年级的孩子们，已经把日记写得越来越好。

"废止命题作文"

现在说说我在上一届学生中完成的一项任务——"废止命题作文"。

1. 不可能的任务

凡是干的、玩的、想的、觉得有意思的就记。一句话也可以，几百个字也可以，不要勉强拉长，也不要硬缩短。总之实事求是，说老实话，对自己负责。这样的习惯（指勤写日记，作者注。）如何养成，我说不出方法和程序来，我只觉得这样的习惯假如能够养成，命题作文的方法似乎可以废止，教师只要随时抽看学生的日记或者笔记本，给他们一些必要的指点就可以了。（《叶圣陶语文教育论集》）

"这样的习惯如何养成，我说不出方法和程序来"——我忍不住放声大笑：够诚实，够天真，幸好叶前辈不教语文，否则，他即使不被校长炒了，也要被家长撵跑。可见，做教育家要比做教师轻松得多。

"废止命题作文"——怎么可能！如果那样，考试怎么办？我们要做的不就是让学生能写出得分较高的命题之作吗？切题，乃是最基本的要求。无视命题，岂不是误人子弟、自毁前程吗？

一面是应试的需要，一面是让学生心灵随文笔一同舒展的心愿，好在现实和理想还未冲突到势不两立的地步，中间还有一根窄而长的平衡木在。面对它，我希望自己成为体操高手。

佩服的人、难忘的事、师生之情、社会主义新风尚……翻来覆去，教材上总是这一套，一个题目从三年级写到中学是常有的事——"不同阶段有不同的要求嘛"，你当然可以如此潇洒而正确地说，但是，除非你是机器，面对老掉牙的旧题，谁能不厌倦？在当时，我能做的就是挖空心思，想出"新颖"的题目，希望以此激活学生：《老师，我对您说》、《我真棒》、《同学，你错了》、《那天我真高兴》……我以为这就是改革了。

日子长着呢。枯肠搜尽、黔驴技穷的困境很快就到了。当时的我何曾意识到：我所苦心经营的仍是桎梏、锁链之类，和课本上的相比，它们只是"看起来比较美"而已。面对我的"好题目"，学生能做的，仍然是先钻套子，然后在套子里面舞蹈。

到这一届学生，情况大不相同了。有趣的是，我从不曾敢于决意"废题"。变化，是在不知不觉中发生的。

2．"随便"其实不随便

一天上午，家有急事，我请夏老师为我代一节语文。

"课上到哪儿了？我怕来不及准备呢。"

"不用操心。今天写作文，你只要看着就行啦。"

"什么题目？"

"没题目，随便写。告诉他们，讲评搁下周一起进行。草稿当堂完成，誊写回家去做。字典他们是随身带着的，连字都不用问你。你只管带本书去，看着就行啦。"

下午，夏老师高兴地告诉我："你的学生真可爱，一个个写得投入着呢。光是题目就够有趣了：郑东的《半枝花》、江嘉辉的《大采购》、周楠的《南瓜 VS 西瓜》、夏璇的《可怜的波斯猫》，沈冠楠的最'恐怖'，竟然叫做'是谁谋杀了张美君'！"

我颇感得意："这都是随便写的好处啊。学生的智慧是无穷无尽的！要搁我一人身上，就是有神仙的脑子也想不出这么多有趣的题目。从三年级起，我们基本上就没有写过命题作文，一周一篇随便写。内容丰富是自不必说了，语言越来越老到，题目也越来越新颖。每次作文本子交来，总让我有意外之喜。"

"这我相信。"夏老师点头，"郑东的《半枝花》写的是踢足球砸残了半枝菊花，感到十分内疚；夏璇的《可怜的波斯猫》，用第一人称写一只猫的痛苦：伙伴们都被买走了，就剩她没人要。"

夏老师激起了我的谈话兴趣——

"能有今天，除了教师指导，更多的要归功于课外阅读。'随便'其实是有背景的——三年级，全班将《365 夜日记启蒙》、《365 夜作文启蒙》读了个烂熟；四年级，一半同学读过少儿版《西游记》、《三国演义》、《水浒传》；现在是五年级，他们又开始读世界名著：《鲁滨孙漂流记》、《百万英镑》、《爱的教育》、《凡尔纳科幻小说》……方思佩竟然读完了《茶花女》、《简·爱》、《安妮日记》！"

"至于专为孩子写的好书：《男生贾里》、《女生贾梅》、《小丫林晓梅》、《草房子》、《童话大王》……他们更是爱不释手。读是水，写是船，你说，有这么厚的底子在，作文想差都难！"

就在五年前，我还嘲笑"废止命题"是痴人说梦呢。如今，这个梦竟在不知不觉中变成了现实。

3. 我一点也不担心

第二天，作文本交上来了。看过《是谁谋杀了张美君》，我忍不住笑了又笑：原来，沈冠楠这妮子读福尔摩斯走火入魔，以至于梦到好友被害。在梦里，她历尽艰辛，神机妙算，终于将凶手绳之以法，为好友报仇雪恨。正当她悲喜交集的时候，赵美欣的电话唤醒了她。她为好友"复活"而欢欣鼓舞——"尽管我的侦探梦仍然只是一个梦"。

"可是，"另一位老师问道，"到了考场，他们终究要面对题目的，平时不做这方面的训练行吗？"

"这个嘛，我一点也不担心！"我胸有成竹地回答，"现在的考试，命题早被话题代替啦：关于诚信、关于友谊、关于竞争……只要搭上边，就不算走题。剩下的，也是分量更重的，就是比各人的语言功底、文学修养和灵活程度啦。从发展趋势来看，试题对学生的限制将越来越少，能得高分的，必定是那些有真情、有见地、有文采的个性之作。我以为，我们的随便写，恰好能够帮助学生接近这个目标。因为这条路是以阅读为依托，真正面向学生，通向未来的。"

仿佛是为了印证我的话，学校的第四单元测验作文题是"秋天的……"，结果我班孩子写什么的都有：《秋天的风》、《秋天的雨》、《秋天的校园》、《秋天的大蜀山》、《秋天的螃蟹》……江嘉辉这个家伙偷懒，使出"新翻杨柳枝"的功夫，而且翻得还真不赖——《秋天的超市》——由《大采购》改造而来，通过超市商品的更换，显示季节的变化和生活的多彩："以前堆满凉鞋的铁架上，如今摆上了各式各样的棉拖鞋。它们五颜六色，一双双都很漂亮，摸在手上软软的，暖暖的。我禁不住诱惑，央求妈妈给我买了一双虎头鞋。因为——秋天到了。"

当然，学生写作水平的提高，光靠读书是不行的，还需要给予方法的指导和兴趣的激发，还需要给予境界的提升。

每周一次的作文课上，我总要给学生读一篇自己写的班级故事，然后请学生点评我的文章。你可以想象，当孩子们在教师的文章里读到自己、读到同学的时候，他们在内心激动的同时，怎么可能不产生跃跃欲试，也来写一把的冲动？同时，点评老师的文章，实际上就是在学习老师的写作方法，在比较中发现自己的差距。

能够比较和发现，就意味着成长和进步。

2. 和孩子们一起快乐在语言文字中

贾志敏

作文札记（一）

在三尺讲台上，我一站就是 50 年。

教了一辈子的小学语文，教了一辈子孩子的作文。其间，甘甜多于辛酸，收获大于劳累。

我喜欢孩子，我喜欢课堂，我更喜欢在课堂里教小学生学习母语。

50 年里，我和孩子们一起快乐在咱们祖国的语言文字中间。

今天，就如何进行小学作文教学，和青年教师说说一些肤浅的认识和零星的记忆。

1. 小时候，我特别怕作文

我小时候，跟许多孩子一样，也害怕作文，也写不好作文。老师出了作文题，我口咬铅笔头，眼瞪天花板，熬过了两节课，草稿纸上只开了个头："今天，天气很好，我起了个大早……"

眼看别的同学背着书包高高兴兴地回家了，我却被先生留下"关夜学"，留在教室里一边哭一边继续"咬铅笔头"。

作文簿发下来了。别的同学喜形于色，眉开眼笑，我看着老师批着的那个红红的、大大的"劣"，愁眉苦脸，不知所措。教书先生说我不是读书的料，父亲说已经为我准备好了一辆黄包车，长大了就去拉黄包车。

后来，换了一位语文老师。记得，他叫吴子祥，五十开外，很慈祥，说话也很风趣；记得，他从不轻易批评、指责同学，更不见他发火训人。大家都爱上他的课，我特别喜欢他。

上课时，我从不走神，作业也会做了。每个星期他总要腾出一节课的时间让我们看课外书，有时候还讲故事给我们听。他讲到紧要关头，往往故意"卖个关子"，说什么时间不多了，欲知后事如何，请大家去看书吧！说着，发给每个同学一本书。我读书的兴趣似乎就是在那时候培养出来的。以后，我就经常到图书馆去阅读报纸杂志和世界名著。

记得有一次，老师出了一个"快乐的星期天"的题目要我们作文。我想起不久前的一个星期天，我随叔叔去竹林打鸟的事。

那是一个晴朗的天，叔叔提着气枪带着我走了许多路，来到一个竹林里。林子好大，鸟儿也特别多。叔叔告诉我，这是画眉，那是黄八郎……他的枪法很准，不多时间，就射下了许多鸟。他只管射击，我就管捡鸟。我的手直痒痒，也想摸摸枪。后来，经不起我的央求，他答应让我放几枪。哈！我居然也射下一只小麻雀！我喜不自禁，扔下了气枪，蹦着、跳着赶去捕捉那只还在地上扑棱着的麻雀。此时，我高兴的心情无法形容。

后来，我把这件事写成了作文。因为是亲身经历的，所以写起来毫不费力。作文本发下来了，我的作文竟然破天荒地得了个"优"！这位吴先生还将我的作文绘声绘色地朗读给全班同学听。他边读边评，说这里写得具体、细腻，那里写得生动、形象，还说什么感情的流露真实、可信，是一篇写得较成功的好作文。那时候，我的感觉好极了。

这篇作文获得老师的肯定，给了我很大的鼓舞。我逐渐懂得，作文就是把自己所见、所闻、所想、所感如实记录下来。它既不神秘，也不可怕。打这以后，我就树立起信心来了。我发现自己并不愚蠢，我也是一块"读书的料"。我喜欢上语文课了，而且更加用心，作文也越写越通顺了。我要感谢这位让我喜欢上作文的吴先生。

一位好老师，能把一个不爱读书的孩子转变成将来对社会有用的人。

2. "阅读是作文的父亲"

2006 年教师节的前夕，温家宝总理来到北京西城区的一所小学，听了一节高年级的语文课：《新型玻璃》。课毕，他深情地对孩子们说："你们不但要学到课本里的知识，更要学会表达。"

何谓表达？为什么温总理把"表达"看得那么重要？

表达指的是，把脑子里固有的印记，通过一定的方式向外界展示或向他人流露。表达的方式很多，可以用眼神，用表情，用肢体，更多的则是口头表达和书面表达。口头表达就是说话，书面表达就是作文。不管是口头表达，还是书面表达，都离不开语言。语言是人与人交流思想、交流情感、交流信息、交流技术的一种载体。因此，它对社会的进步以及一个人的发展起着至关重要的作用。孩子的表达能力要从小培养。

由谁来培养他们的表达能力？毋庸置疑，主要是由咱们语文教师来担当。课程中设置的语文课就是培养学生说话和写话的主渠道。语文课就是在课堂上，老师借助课文作为例子，教会学生说话和作文。

语文这门学科分阅读、作文和写字。阅读是作文基础；作文是表达，也是对阅读进程的一种检验；写字则是变口头语言为书面语言的一种方式。

要写好作文，必须大量阅读。在阅读教学的课堂上，老师教学生识字，积累词语，掌握各种句型、句式，熟悉课文的内容，了解课文的表达方法，让学生体会作者的思想感情。在传授语文基础知识的同时，还要培养学生的语文基本的能力，即听、说、读、写。

阅读课要有十足的语文味。要讲字、词、句、篇，要练听、说、读、写。不仅要让学生知道课文讲的是什么，更要讲作者是用哪些词语和句子来描写事物的，作者是怎样调遣句子来表情达意的，作者又是怎样布局谋篇来表达中心思想的。

课要做到三个"实"：真实、朴实和扎实。

真实，是课堂的生命，课堂不真实也就失去了它的真正意义。

朴实，是教师的教风的具体体现，课要上得实在、朴素，让学生真的"有所得"，不要玩弄花样，不要追求剧场效果，不要哗众取宠，表现自己。课堂上要突出学生、服务学生，淡化自己、甘当绿叶。

扎实，是教学目标要落到实处，要关注每一个学生，让每一个孩子有所进步，有所提高。

还要重视课外阅读。课外阅读是课堂教学的延伸和拓展。如果说在课堂里指导学生阅读，好比在游泳池里教学生游泳的话，那么，让学生广泛阅读课外书籍，就好比带领孩子在江河湖海里搏击风浪。

正如我们平常所说："得法于课内，得益于课外。"

阅读是积累，是体验，也是亲近作者的唯一途径。"胸无点墨"，岂能"下笔成文"？

因此，说"阅读是作文的父亲"一点也不为过。

3. 从"叶圣陶不教孩子作文"说起

阅读是语文教学的重点；作文是语文教学的难点；写字是不可忽视的轻点。

重点要加强，难点要突破，轻点则需要时刻关注，千万不能视它为可有可无。

小学生作文，说到底，是儿童作文。它是小学生运用语言文字的一项练习，也是他们学会做人的一份记录。教小学生作文，就是教会他们做人。因此，对教师而言，教作文就是教做人；对学生来说，学作文就是学做人。

作文教学的目标要明确。除了让学生运用语言文字的训练、懂得做人的道理外，还要培养他们多读、多写、多思、多改的习惯。

小学作文教学不是为了培养未来的作家，作文与创作是完全不同的两码事。作文，是孩子运用语言文字的一种练习；创作则是作家反映生活、表达思想的一种创造性的劳动。

兴趣，是入门的向导。我们不要强迫孩子去做他们不愿意做的事情，同样，我们也不要"硬逼"学生作文。

要顺其自然，要启迪孩子。设法让孩子愿意写、乐意写，把作文当作自己生活的一个部分。在这一方面，叶圣陶先生教孩子作文的做法值得我们学习和借鉴。

20 个世纪 90 年代中期，我去北京参加民进中央举办的经验交流会。我们下榻在劳动大厦。凑巧的是，叶圣陶先生的长子、时任民进中央副主席的叶至善先生和我住在同一层楼上。

一天，晚饭过后，我邀请叶至善先生到我房间小坐。"三句话不离本行"，闲谈时，我请他介绍小时候叶老是怎样教授他作文的。他带着浓重的苏州口音说："不教的。"我感到奇怪，叶老是个作家、编辑，又是个教育家，理应十分重视对孩子的启蒙教育，怎么可能"不教"自己的孩子作文呢？

叶至善先生见我有些疑惑，说："你是搞作文教学的，我说给你听，我父亲这么做，到底是算'教'还是'不教'？"

原来，叶老从不给孩子教授作文入门、写作方法之类的东西。他仅要求其子女每天要读些书。至于读点什么，自己决定。但是读了什么书，读懂点什么，都要告诉他。除此之外，叶老还要求其子女每天要写一点东西。至于写什么也不加任何限制，喜欢什么就写什么：花草虫鱼，路径山峦，放风筝，斗蟋蟀，天上飞的，地上爬的，水里游的，听人唱戏，看人相骂……均可收于笔下。

纳凉时，叶老端坐在庭院的藤椅上，让孩子把当天写的东西朗读给

他听。叶老倾听着孩子朗读，从不轻易说"写得好"与"写得不好"之类的话，比较多的是"我懂了"和"我不懂"。如若叶老说："这是什么意思呀？我不懂。"其子女就得调遣词语或重新组织句子，尽力让父亲听得明白。直至叶老说"噢，原来是这么一回事，我懂了"时再继续读下去。

叶至善先生介绍到这里，问我："贾老师，你是教孩子作文的。你说，我父亲这么做算不算在教我作文？反正，我小时候就是这样学会作文的。"

听叶至善先生这么一说，我茅塞顿开、颇受启发。这正是教学生"自能作文"最好的注脚。

启示一：作文首先要文通句顺。"通"则"懂"，"懂"则"通"，"不通"则"不懂"，"不懂"则"不通"。道理似乎就这么简单。

启示二：学写作文必须大量阅读。读书是基础，读书是积累，读书是吸收。胸无点墨，怎能下笔成文？学写作文还必须每天"写一点"。写好之后，要多读，多思，多改。文章是写出来的，好文章却是改出来的。修改作文的过程，就是修正思想的过程。久而久之，自然会写作文了。

叶老这样教子作文，实在是值得称颂、借鉴的好经验、好办法，体现了他多年倡导的"'教'是为了'不教'"的思想。

由此，联想到至今还有些同仁对学生大谈特谈作文知识、写作技巧之类空洞、乏味的话，束缚孩子的手脚，禁锢学生的思想，既累倒了自己，又苦煞了孩子。

孩子需要教育，成功的教育应该是无痕的。一旦成人摆出教育者的架势，居高临下，盛气凌人，要求孩子如此，不准孩子那般，其时，双方就处于不平等的地位，被教育者往往产生逆反心理和抵触情绪。这样的教育，必然会以失败而告终。

让孩子在宽松、愉悦、无拘无束的状态下，给他讲述一则美丽的故事，剖析一个动人的事例，告知一条感人的新闻，以启迪孩子的智慧，点燃他心中的火花，激发他强烈的求知欲望；让他自己明理，自己懂得该怎样活着。这样的作为，往往会收到意想不到的效果。有人用"滴水石穿"、"潜移默化"来描摹成功的教育，其意义大概就是如此。

其实，作文教学也需要这样。

4. 我教孙女学作文

孙女读三年级。前年，在一次作文比赛中，她写的《会动的门牙》一文获小学组首名。全家为她高兴，我更感到一丝欣慰。

她获奖以后，同行同事、亲戚朋友纷纷询问我是怎样调教她的。其实，我没有刻意去要求她做什么、不做什么，只是留给她一个快乐的空间，由她快快活活地玩。让她在学中玩，玩中学。她的兴趣广泛：溜冰、游泳、剪纸、绘画、弹钢琴等。我还让她参加舞蹈、唱歌、手工、表演等活动。这一切对她以后的健康成长不无好处。

孩子两三岁的时候，我发现她的认识和记忆能力比较强，学过的字一下子就能记住了，而且她还有迁移的本领。比如，教她"明天"、"东西"两个词之后，有一天，我们在大街上散步，她看到路牌上的路名，就高兴地说，"东明路"。我们十分欣喜。以后她妈妈给她洗澡时，跟她玩"汉字接龙"的游戏。再之后，教给她不少成语、古诗。词语积累得越来越多，知识面越来越宽，她学习的兴趣也越来越浓。

之后，我把她说的有趣的话记录下来，每天记一两句。比如："今天爷爷来看我。我一看，吓了一跳，爷爷今天怎么怪怪的？原来，爷爷戴了一副假牙。""奶奶烧的鱼真好吃，一条鱼都让我吃了。大人们说，孩子爱吃鱼，聪明。""今天吃好晚饭，妈妈带我到第一八百伴去玩。我玩了'过山飞龙'和'滚滚球'。我最喜欢玩'过山飞龙'。我坐上车子，车子开动了，一会儿高，一会儿低，吓得我直叫。"我指着记录的稿子逐字逐句地念给她听。因为句子是她说的，所以她更感兴趣。

日复一日，年复一年，她认识的字越来越多，读书的本领越来越强。

还没上学，已经能阅读报刊上的文章了。于是，我们带她逛书店，为她买新书，让她在知识的海洋里漫游。一来二去，书成了她的好朋友。有时候大人们在说话，而她在一边吵闹不休，影响了我们的交流。此时，只要丢给她一本书，她就会高高兴兴地躲到一边，静静地看起书来了。对她来说，读书才是最快乐的事儿。

那么，她是怎么会作文的呢？

她爱听故事，我便讲故事给她听，讲完了，让她复述，一遍，两遍……当她讲得通了，讲得顺了，便让她用文字记录下来，再读给我听。久而久之，在她读二年级的时候，便能写上好几百字的作文了。

当她具有能组织文字的本领之后，我就教她去独立观察生活，发现生活，在生活中寻觅作文的材料。

生活中处处都是作文的材料，我见她高兴得手舞足蹈时，便提示把它写下来就是一篇很好的作文；我见她情绪低落、垂头丧气时，便跟她说，把这记下来，别人一定爱看。有一次，她来探望我，我正躺在床上闭目养神，眼镜还架在鼻梁上，手头还捏着报纸。她没有吵醒我，只是吻了一下我的额头，便端坐在一边看起书来。我知道了，便让她把这一生活情景描述下来。没花多大工夫，她就写下了《深深的吻》。

她的父亲整日地忙，天南地北地跑，一年到头见不上几次面，父女俩只能通过电话聊上几句。她埋怨道："我的爸爸在电话里。"我听了，感到这是一个好题材，我就让她写了《电话里的爸爸》。习作情真意切，颇为感人。

我让她每天写日记，把一天生活中发生的有趣的事记录下来。日子长了，养成了习惯，记日记成了她每天生活中不可缺少的内容。像她所说："作文就像玩一样。"对孩子来说，作文是一种游戏；对青少年来说，作文则是一种需要。每个人仅有一个短暂的童年，抓住了，什么都有了；抓不住，则可能会铸成"千古恨"。

她还是个孩子，还需要教育与关爱。不能掉以轻心，尤其是我这个当爷爷的。

[附]

深深的吻

贾立歆

放暑假了，很少休息在家的爷爷打电话要我去玩，我高兴极了。

虽说，爷爷在金苹果学校教书，我也在金苹果学校念书，但是我俩见不上几次面，说不上几句话。吃过午饭，妈妈带着我，急急忙忙到爷爷家去。

是奶奶开的门，我问："爷爷呢？"奶奶连忙把手指往嘴上一竖，说："小声点，爷爷睡着了。"我轻手轻脚地来到爷爷的房间，只见爷爷正躺在床上，手里拿着报纸，鼻梁上的眼镜也没摘下来，眼睛紧紧地闭着，显然他刚刚还在看报。"啊，爷爷太累了！不要叫醒他，让他多休息一会儿吧！"

我轻轻地摘下爷爷的眼镜，抽走爷爷手里的报纸，在他的额头上深深地吻了一下，然后坐在爷爷边上，拿起了一本书，聚精会神地看了起来……

作文札记（二）

改变作文教学的"三无"状态

目前，我们的作文教学基本上是处于一种无序的状态。教师教作文无法；学生写作文无奈；教学的结果是无效。

怎样才能改变这种状况呢？

对小学生来说，学写作文主要碰到两个问题：一、没有东西写；二、有了东西也不知道怎样去写。

第一个是如何搜寻材料的问题；第二个是如何表达事物与情感的问题。

我认为，在进行作文训练的时候，要倒过来操作：先教会他们如何表达，然后指导孩子在生活中寻觅作文的材料。

我的作文教学实践的体会是：作文训练应该按"课内课外两条线进行"。即课内训练作文与课外生活作文。

语言训练的目标要明确，还要讲究实效。这一点，教师的心中要清楚、明白。经过一段时间的训练，孩子能在规定的时间里，写出的作文切合题意，中心明确，内容具体，段落分明，语句通顺，用词准确，不写错别字，格式规范，书写工整，标点符号基本正确。

训练要循序渐进。由易到难，由简单到复杂，由听到说、到读、再到写，把听、说、读、写"捆绑"在一起训练。我是这样训练学生的：

①抄写。抄句子、抄段落、抄课文等。要求字写工整，格式规范，标点符号加在指定的位置。

②听写。听写句子、听写段落、听写一篇文章等。根据学生的情况来组织教学。学生基础不太好的，则读一句，让学生听一句，写一句。反之，则可以把一段话、一篇文章仅读一两遍，即让学生记住并写下来。

③视写。让学生在规定的时间内看一段文字或一篇文章，然后要求他们用自己的语言把刚才看到的文字写下来。

④扩写、缩写、改写、仿写。向学生提供一个素材（可以利用让他们听写、视写的材料），组织学生扩写、缩写、改写、仿写等。

⑤读后修改，誊清作文。

［课例一］

1. 听写一段话。

一个村子里，住着一个美丽的姑娘。一天，她坐的车翻到山下去了，死了好多人。她的命大，死神没有光顾她，但是却被毁容了。她的心情坏极了，母亲送她去医院整容，她极不配合医生，整天站在窗前以泪洗面。一天，她在窗前意外地发现一个漂亮的男孩给了她一个甜甜的微笑。以后，凡是经过她窗前的人们，都会这样做。她的心情好多了，还配合医生做了整容手术。她又像先前那样美丽了。出院的时候，她猛然发现那熟悉的窗口上贴着一条标语："请给这位不幸的姑娘一个微笑。"

2. 朗读这一段话。

3. 合理想象，充实内容，扩写这一段话成一篇文章。

［附学生习作］

窗　口

有一个小女孩儿，她既聪明又漂亮，每个人都喜欢和她在一起，女孩儿过着快乐幸福的生活。

可是一次意外的事故使她失去了往日的活泼。一天，她乘坐的汽车突然翻落到山谷里，许多乘客都死了，她的命大，幸免于难，但她毁了容。从此，她变得十分丑陋。

正是因为她那张难看的脸，朋友们都不愿意与她一起玩耍、聊天，有的甚至一见到她，就躲得远远的。失去朋友当然十分痛苦，小女孩顿时像变了个人似的，自卑，烦恼，不想与外界接触，有时甚至想结束自己的生命！

母亲很心疼女儿，便带她去医院整容。可女孩一点也不配合医生，手术失败了。她整天呆呆地望着窗外的行人，以泪洗面。

日子一天一天地过去了，女孩越来越伤心。直到有一天，一个英俊的男孩经过窗口时向女孩热情地招手，打招呼，并给了她

一个甜甜的微笑。

这意外的微笑使女孩的心情一下子好了起来。她天天站在窗前等候那一个甜甜的笑容。令她意想不到的是，从那以后，每个经过她窗前的人都会给她一个甜甜的微笑。女孩的心情一天比一天好，终于从自卑变为快乐，烦恼变成高兴。她欣然接受了整容手术，而且非常配合医生。手术成功了！女孩又恢复了往日的活泼和美丽。

在一个风和日丽、阳光明媚的日子，女孩出院了。她手捧鲜花，回头望了望那熟悉的窗台，忽然，她惊讶地发现上面贴着一条标语："请给这位不幸的姑娘一个微笑。"

啊！一条标语、一个微笑竟能改变一个女孩对生活的态度和命运……

改变"无序"状态，教师心中要"有序"。可以一题多做，反复训练。更要严格要求，勿忘鼓励。

作文札记（三）

1. 写给孩子的话

作文，对孩子来说，是一件苦恼而又乏味的事情。如若在为他们讲述一些方法与技巧的时候，还用枯燥的语言与他们对话，其效果是不会好到哪里去的。他们不会接受，更不感兴趣。他们需要具体、生动而又形象的语言和故事。为此，我试着用浅显的语言、有趣的事例，深入浅出地告诉他们一些道理和方法。我发现，孩子们还挺喜欢的。下面选择几篇供大家参考。

（1）"多读几本书吧"

先讲一个故事。故事的题目叫"多捡几块石头吧"。

很久很久以前，在一个伸手不见五指的夜晚，一个阿拉伯商人牵着一头骆驼行进在荒凉的沙漠里。

突然，他耳边响起一个神秘的声音："多捡几块石头吧！到了明天，你一定会感到既高兴又后悔的。"这个阿拉伯商人感到很纳闷，但是，他还是照着做了。

第二天早上，他想起昨天晚上耳边响起的声音，便从口袋里掏出那几块石头。天哪！这哪里是普普通通的石头呀？分明是价值连城的宝石呀！此时，他真的"既高兴又后悔"了。高兴的是，自己拥有了一大笔财富；后悔的是，昨天晚上，我为什么不多去捡几块石头呢？

这个故事告诉我们什么道理呢？其实，我只要把这个故事的题目改成"多读几本书吧"，你就明白一切了。

趁年少时候，精力充沛，记忆力强，多读几本书，其好处是不言而喻的。正如古人所言："少壮不努力，老大徒伤悲。"

书，是人类进步的阶梯，是前人总结的经验，是世界上最好的营养品。谁和书交上了朋友，谁就拥有快乐和幸福。

好书，就像一枚金钥匙，它能让你开启知识王国的大门。

读书的好处很多。读书，能教人聪明；读书，能让人增长见识。读一本好书，就等于跟一个有知识的老人说话。

凡是有成就的人，没有一个不爱读书的。高尔基说："我看到一本好书，就像一个饿汉要扑到面包上一样。"

读书要养成习惯，读书要有计划。各种各样的书都要看，古代的，现代的；历史的，地理的；国内的，国外的；成人写的，孩子写的，都可以拿来读一读。"开卷有益"说的就是这个意思。这样做，对自己的成长有好处。

有人说："聪明人，爱读书；大傻瓜，爱吵闹。"

你想做一个聪明人吗？那么，你赶快跟图书交上朋友吧！

（2）"与本案无关"

法庭上，庄严肃穆。控辩双方的辩护律师辩论正酣。

一方的律师慷慨陈词，滔滔不绝。说着说着，法官先生猛击木槌予以打断："与本案无关！"意思是，对不起，你把话扯远了，赶快刹住，话归正题吧！

为什么法官先生缺乏耐心，不让律师辩说下去呢？原来，那位律师的话偏离了案情，说了"与本案无关"的话。

由此，我想起咱们孩子的作文来了。

每一篇文章都应该有一个中心，而且，只能有一个中心。章节、段落、用语、措辞都要围绕中心来铺设。与中心有关的话要写；反之，一概不写，甚至只字不提。

孩子的作文，常常会犯"抓不住中心"的毛病。举个例子：

一个学生写《游野生动物园》。习作不是开门见山，直奔中心，而是绕了一个又一个的大圈子。从"听到要去野生动物园游玩的消息以后群情激昂"，写到"星夜赶赴超市选购饮料、点心"，再写到"梦见野生动物'胜利大逃亡'"……一来二去，如此这般，还没有写到正题，三四百字的废话已经"跃然纸上"了。待到真的要写"游野生动物园"的时候，只能三言两语，草草收场。这样的作文谁爱看呢？

能不能这么开头："我们一跨进野生动物园的大门，我的心就狂跳不已……"直奔主题，切入中心。少了那些废话，多了不少真情。这不是很好吗？

看来，法官先生的那句"与本案无关"的话，对那些喜欢跑题的孩子们来说，是应该起到一点警示作用的。

（3）文章不厌百回改

夏衍是一位剧作家。晚年，他因病住进了医院。在弥留人间的那些日子里，他几度清醒，又几度昏迷。一天，他的病情突然恶化。一旁的护理人员忙说："夏老，我马上去叫医生！"这时，夏老不知从哪儿来的一股力量，他坐起身，大声喊："不是'叫'，是'请'！"说着，倒在病床上咽气了。

这是夏老一生中说的最后一句话。

这个故事有着震撼人心的力量。夏老仅改动一个字，却感动无数人。

作文是写出来的，然而，好作文却是改出来的。"文章不厌百回改"，说的就是这个意思。

小朋友写好作文以后，往往不检查一下，立马交给了老师。这样，错误迭出则是必然的了。待到老师指出的时候，他便会不好意思地说："哎呀，我粗心了！"

这是一种不负责任的态度。请看一个小朋友写的一句句子吧：

　　　教室里布置得好漂亮，我的头上还挂着四盏大红灯笼呢！

这句话叫人看不明白。说"教室里布置得好漂亮"，却没有具体的描述；"我的头上还挂着……灯笼"，岂不成了笑话？如果修改以后变成下面的句子多好：

　　　教室里布置得很漂亮。黑板上写着："庆祝元旦，迎接新年。"课桌围成一圈，上面铺着雪白的台布。台布上散放着新鲜的水果和各样的糖果。门上挂着彩带和风铃。上方，还悬挂着四盏大红灯笼。

这么一改，不但通顺，而且具体、生动、形象。

那么，怎样修改作文呢？不难！

第一，文章写好以后，要多读几遍。不通顺的地方要设法使其通顺；意思没有表达清楚的，要补充内容，尽量讲得明白些。

第二，修改以后，还可以读给别人听听，征求一下其他人的意见。

修改作文没有诀窍，却需要一种认真负责的态度。

"千金难买回头看。"作业——不管是什么作业——完成以后，必须反复检查，不断修正。修正的过程，就是提高的过程。这要养成习惯，一旦养成了好习惯，我们必将终身受益。

（4）材料要靠平时积累

小学生学写作文遇到的最大困难莫过于"没有东西写"了。

我认为，问题出在我们没有养成收集和积累作文材料的习惯。古人云："书到用时方恨少。"意思是，平时很少读书，等到要表达的时候，才感到力不从心了。同样的道理，如果平时不去观察生活，不去积累材料，等到要作文的时候，当然会苦于"没有东西写"了。

人的智力有高低，天赋有差异。然而，即使聪敏过人的人，如果缺乏勤奋学习、刻苦钻研的精神，缺乏生活和知识的积累，到头来还是写不出好文章来的。

那些知识渊博的学者、作家、诗人之所以文思敏捷，能出口成章，下笔成文，是他们不断积累、不断提炼的结果。

唐朝诗人李贺七岁能赋诗，被人们称为"神童"。其实，他取得成就除了天赋条件之外，主要得益于他平时的勤奋和积累。他每天背上破旧的布囊，骑驴出门云游，观察生活。一旦有所得，他立即记在纸上，投入囊中。晚上，回到家里，再选择、归类、整理。日子长了，他积累了大量的生活素材。他运用这些素材，加以创新，写出了不少为后人传诵的名篇佳作。

由此，我们得到启迪："好记性不如烂笔头。"我们从小要养成这样的好习惯：在身边准备一本笔记本，作为"作文材料仓库"。凡平时看到的、听到的、想到的以及亲身经历的事，都可以储藏到这一个"作文材料仓库"里去。

（5）作文也会"长大"

你信吗？我们在长大，作文也会"长大"。

读一年级的时候，你会说："妈妈笑了。"

读二年级的时候，你也许会这么说："妈妈见我数学考试得了100分，高兴极了，笑得连嘴也合不拢。"显然，这一句话比前一句话长，也具体些了。他把"妈妈为什么笑"、"妈妈是怎样笑的"都写出来了。

读三年级了，积累的词语多了，观察仔细了，想象力也丰富多了，于是，理所当然地会把句子写得更生动、更丰富了："妈妈见我不用大人护送，自己乘车回家了，高兴极了。她一把把我搂在怀里，眉毛弯弯的，眼睛眯成了一条缝，嘴微微张开，露出一口洁白的牙齿，腮边还挂着两个甜甜的酒窝。她激动地说：'明明真的长大了！'"

你看，绘声绘色，形象具体！读了以后，如闻其声，如见其人。

一个叫田原的孩子，翻出了自己在一年级时写的一篇短文，觉得很可笑，短短小小的，一点也不生动：

我和爸爸

爸爸一回家，就上网聊天。有一天，我问他："你什么时候可以不聊天了？"

爸爸说："你什么时候可以不粗心了？"

我和爸爸约定：大家一起改掉坏习惯。过了一些时候，爸爸真的不上网聊天了，我也改掉了粗心的毛病了。

田原读三年级了，他运用自己学到的本领，把这一段短文扩写成一篇生动、有趣的作文。

老师看了，连声称好，还说："田原长大了，田原的作文也'长大'了！"

父子之约

爸爸是个转业军人。他有一个坏习惯：每天一回到家，就往书房里跑。他放下公文包，一屁股坐在老板椅上忙开了。我刚想向他问好，他已经打开电脑和网友聊了起来，只听到键盘的"沙沙"声，一刻不停，像在跳"踢踏"舞。

我呢，成绩中等，就因为有一个坏毛病——粗心大意。数学考试时，不是把加号看成了乘号，就是把小数点给漏了。有一次，我粗心地把"老大娘"误写成"老大狼"，闹出了一个大笑话！

有一天，我正在订正数学题。爸爸心血来潮，忽然关心起我来了。他看了我的考卷以后，严厉地对我说："你怎么把'96'写成'90'啦？你什么时候不再粗心啊！"

我眼珠子一转，笑着反问道："那么，你什么时候不再'抱'电脑聊天啦?"

"好小子，你管起我来了?"爸爸停顿了一下，爽快地说，"好! 从现在起，我不'抱'电脑聊天了。你从明天起，也要改掉粗心的毛病!"

我拍拍胸脯，十分坚定地说："好! 一言为定!"

"拉钩拉钩，一百年不变，谁说话不算数，谁就是小狗。"我和爸爸手指勾着手指大声地说。

几天过去了，妈妈疑惑地问我："豆豆，西边出太阳了! 最近，你爸爸怎么不在网上和别人聊天了?"我笑而不语。

那天晚上，叶老师打电话给我妈妈，我拿起分机在书房里"窃听"。只听到叶老师高兴地说："田原最近不粗心了，今天数学考了100分!"我来到妈妈的跟前，只见妈妈乐得眉开眼笑。

爸爸一回到家，我就悄悄地对他说："爸爸，我数学考试得了100分!"

爸爸欣慰地笑了，我也笑了。

妈妈哪里知道，我和爸爸之间有一个约定。

(6) 人要呼吸，文要透气

人要呼吸。如果没有新鲜空气的不断摄入，人就会被憋死。

文要透气。如果文章不分章节段落，一段到底，写得密密麻麻的话，读文章的人一定会感到很累，而且读了之后，还不明白这篇文章究竟讲了些什么。那么，你写的东西也失去了意义。

所以，我把"文章要分段分节，给文章留一点空隙，让文章透一点气"比作"人要呼吸"，它们一样重要。

请看下面一篇小学生的习作：

爸爸的脸上，嵌着一双充满智慧的眼睛。他的爱好，就是炒股。每天下班回家后，把包一扔，打开电视，看股市行情。股票涨了，他欣喜若狂，还对妈妈说："明天不用在家吃饭了，到外面潇洒潇洒去。"股票跌了，他一句话也不说。晚饭时，我叫他一声"爹"，他生气地说："别再叫'爹'了，再'跌'下去，钱都'跌光'了！"因为"爹"和"跌"是同音字。爸爸还把我看成他手中的一张股票。一次，我考试得了100分，他喜形于色，对妈妈说："啊！我的股票升值了！"他逢人就说："我持有一个'绩优股'，天天'涨停板'。"还有一次，我在学校里犯了错误，老师叫爸爸到学校去谈谈。回家后，他又对妈妈说："倒霉！我的股票进入了熊市。"你瞧！我的爸爸多怪！竟把我看成他手中的一张股票！不过，我喜欢做爸爸手中的一张"绩优股"，天天"涨停板"，永远是"牛市"。

说实话，我是耐着性子读完这篇习作的。读完之后，我惊喜地发现，这一篇习作写得很好，只可惜，文章"不透风，不透气"，读起来很累。于是，我请来了小作者，让他自己把文章梳理一下。经他一修改、一整理，哈！文章干净了许多，读起来也顺畅多了。真是"丑小鸭"变成"白天鹅"啦！

请看修改以后的习作：

我是爸爸的一张股票

爸爸的脸上嵌着一双充满智慧的眼睛。他有一个特别的爱好，就是炒股票。

每天下班回家后，他把包一扔，立马打开电视，专心致志地研究起股市行情来。看到股票涨了，他欣喜若狂，还常对妈妈说："明天不在家吃饭了，到外面'潇洒潇洒'去。"股票跌了，他一句话也不说，坐在沙发上生闷气。

有时候，我见他不高兴，想安慰他一下，叫他一声"爹"。谁知，他听了，不但不高兴，还呶哮着说："别'爹、爹、爹'地叫了，再'跌'下去，我的钱都被你'跌光'了！"啊！好大的脾气，我一头雾水。闹了半天，我才明白，原来，"爹"和"跌"是一个音。

更有趣的是，爸爸还把我看成他手中的一张股票。

一次，我数学考试得了100分，他喜形于色，对妈妈说："啊！我的股票升值了！"还说，"我持有的是一个'绩优股'，天天'涨停板'。"

还有一次，我在学校里犯了错误，老师叫爸爸到学校去谈谈。回家后，他失望地对妈妈说："倒霉！孩子在学校里表现不好。我的股票进入了'熊市'。"

你瞧！我的爸爸多怪，竟把我看成他手中的一张股票！

其实，我心里明白，他把自己的所有希望都寄托在我的身上。

我喜欢做爸爸手中的一张股票，而且，我还要做一个"绩优股"，天天"涨停板"，永远是"牛市"。

你看，经他这么一整理，不但看起来舒服，而且越看越有趣。

请记住我前面说的那句话："人要呼吸，文要透气。"给文章留一点空隙。

作文札记（四）

1. 鼓励孩子写"放胆文"

作文没有诀窍，更没有捷径，唯有"多读多写"。

读书是学习，是吸收，是积累。

"熟读唐诗三百首，不会做诗也会吟。"这是古人告诉我们"读书自有好处"的道理。

"多写"是泛指，是相对于"不动笔"与"少动笔"而言的。"多写"指多动笔墨，"多写"还要"巧练"。

"课内训练作文"是必需的，是不可缺少的。教师命题，教师提供作文素材，教师指导谋篇布局、遣词造句等，目的是多方面地培养学生作文的能力。然而，事物有其两面性，这样的训练往往会有局限性，会抑制学生的写作热情，因为这样做可能会让孩子去写不熟悉的，乃至不喜欢的东西。

而"课外生活作文"则让学生去写"放胆文"，放开学生的手脚，让学生"天马行空"，"我行我素"。想写什么，就写什么；喜欢什么，就反映什么。只要"有所感"都可以收于笔下。因为没有了束缚，学生的写作热情可能被激发出来。学生在毫无约束的状态下写出的作文，可能是他真实感情的流露，真实生活的感受，因此，会"有看点"。这样的作文才有可能题材新颖别致，内容真实可信，语言鲜活生动。让我拍案叫绝的作文，大多来自于学生的"课外生活作文"。

这里，介绍几篇学生在课外写成的作文。

1. 妈妈嫁给老外就好了

（一年级学生习作）

舅妈生小宝宝了。一天，妈妈带着我去探望舅妈。

路上，我问妈妈："舅舅是北京人，舅妈是云南人，他们的孩子长大以后说什么话呀？"

妈妈随口说："当然会说北京话，也会说云南话了。"

"如果妈妈嫁给老外就好了。"我说。

"为什么？"妈妈不解地问。

"那我就用不着学外语了。"我回答道。

2. 小豆芽

（二年级学生习作）

今天，妈妈要做绿豆沙牛奶。我向妈妈要了十几颗绿豆，我想要种豆芽。

我把绿豆泡在水里，第二天，绿豆长出了一点点白色的小尾巴。我小心地为它换水，第三天，绿豆已经长成可爱的小豆芽了，

细细白白的小豆芽头顶着两瓣绿色的小叶子。小豆芽长得非常快。一星期后，它长高了许多，我用尺子量了一下，它已经有 24 厘米了。

如果我能像小豆芽一样长得那么快就好了，那我就变成大高个姚明了。

3. 给鸭子添一条腿

（三年级学生习作）

今天我们一家去饭店吃饭。妈妈点了一道老鸭汤，我高兴极了，这可是我最喜欢的，尤其是鸭腿。菜来了，我看着香喷喷的老鸭汤直流口水。爸爸和妈妈一人一只鸭腿，我想再找一个，可是没有了，因为鸭只有两条腿啊！这下美梦泡汤了。所以我只好撅着嘴去夹别的东西吃了。

第二天上美术课的时候，老师让我们画鸭子。不一会儿我就画好了，当我想起昨天吃饭时的情景，便不由得给鸭子再画了一条腿。交作业的时候，老师对我们说："姚华同学画的鸭子很特别，有三条腿。"接着老师把我的画贴到想象力榜上，还夸奖了我。我兴奋得跳了起来。

妈妈听了，笑得连腰也直不起来了，说："你这傻孩子！"

这样的作文令人耳目一新。

"课堂训练作文"与"课外生活作文"之间并无冲突，也不矛盾，可以同时进行。

课外生活作文，教师工作的重点则是对学生作文的评讲。应该着重表扬褒奖那些题材新、构思巧、语言鲜活、感情真实的习作，以此鼓励学生发现生活，让学生善于捕捉生活中的小事、琐事、平凡寻常事来表现自己对生活的理解与感悟。

要"创新"，放手让学生去认识生活，去发现真理。能从平凡的生活中"发现真理"的作文，才是我们需要的美文佳作。

2. 还要在"作文后"多下点工夫

我小时候，作文是用毛笔写的。老师也是用毛笔批改的。

记得，我们作文写好以后，都十分迫切想知道自己的作文写得如何，于是期待着老师的评讲。希望老师能把自己的文章介绍给大家，更想知道自己的习作还存在哪些毛病。

那时的老师对待工作似乎是极其认真负责的。除了把错别字一一纠正之外，还添加了一些字词，删掉一些句子，在一些章节、段落和句子下面圈圈点点。作文本上既有眉批还有总评，红字写得密密麻麻，甚至比自己写的黑字还要多。

我极喜欢看老师的批语和评语。看了一遍又一遍，好像百看不厌。看着，看着，日子长了，终于看出不少门道来。我想，自己以后的写作能力的提高，与此不无关系。

时下，老师对学生"作文前"的工作做得不少。做个游戏，搞个实验，演个小品，看个录像，甚至带着孩子去野外、商场、体育馆实地体验和考察，然后，让学生写作文。这样做，对那些找不到写作素材的学生来说，解了燃眉之急。但是，作文，毕竟是要用语言文字来表达客观事物以及自己的思想感情的，工夫要下在语言文字上的。

因此，教师还要在"作文后"多下一点工夫：

①面批。让孩子坐在自己的身边，批改给他看。

②集体批。选择一两篇比较典型的作文，当堂批改。

③学生互批互评。将学生分成小组，请小组成员集体讨论评改。

④结对子批改。让学生自由组合去熟悉生活、观察生活、体验生活，互相批改。

⑤上好讲评课。教师在课前要做充分的准备，对学生的习作进行分析。表扬好的，鼓励差的，调动学生学习积极性。

⑥誊清作文。学生作文经修改后，发还给他们后，再让他们重新誊清。

3. 对当前作文教学4大误区的破解

管建刚

关于作文认识

学生只知道，作文是语文一种令人头疼的作业形式；却不知，作文是一种表达，是人的另一张说话的嘴巴，是一场别具魅力的对话。

地基打好了，打扎实了，才能建高楼；地基不打好，不打扎实，一味筑大厦，那危险。

写作的"地基"是什么？是对写作的认识，知道写作是怎么回事。一个不知作文为何物的人，怎么会乐于作文？怎么能写好作文？作文是什么？是人嘴巴之外的另一种"表达"与"交流"的方式，是语文课程标准所说的"自我表达和与人交流"。

现实是，很少有教师把让学生懂得写作是为了"自我表达和与人交流"，看成作文教学上一件最重要、最迫切的事情，绝大多数教师把它看作是写在课标上的可有可无的"空话"、"套话"。

科学家在思考着他认为重要的事，三岁的小孩子也在思考着他认为

可以这样教作文

重要的事，每个人都在思考着在他看来当下最重要的事。当他拿起笔把某些情感、观点和故事写下来时，那一定是因为他认为这是当下生命里的一个重要事件。

学生把他认为当下最重要的情感和思想写出来，交给老师，却一次次被看作小孩子无谓的涂鸦、练习或作业，这种伤害一经成立，作文的严肃性、神圣性以及表达的快感、宣泄的快感，将黯然无存。学生怎么可能喜欢作文？学生怎么可能不"痛恨"作文？

学生真的如此"痛恨"用文字来"表达"与"交流"吗？不。几乎所有的学生都喜欢手机短信，喜欢QQ聊天。为何喜欢？这个时候的文字有着别样的交流的快乐与幸福。学生一旦拥有QQ聊天般的作文认识，一旦以这种作文认识来实践作文，作文肯定不会成为负担。——有多少学生在QQ上聊得不肯下线啊！

怎样让学生认识到作文是一种表达、一种交流？常用的方法有：朗读学生作文，张贴学生作文，黑板报刊出学生作文。这些方法都没有有效解决学生的作文认识问题。为什么？——没有抓住"写作本质上是一种公众的言说"的特质。当写作成为一种"公众的言说"，其"表达"、"交流"、"对话"的功能也就能轻而易举地彰显出来。

潘新和教授曾说："文章写好不等于写作行为结束，它还只是半成品，须待读者阅读之后，通过作者与读者视界的融合，才有意义的生成。写作是由作者和读者合作完成的，最终是由读者完成的。"学生的作文缺少读者，"生成"不了"意义"，这种作文怎么会使人喜欢？要使文字成为一种"公众的言说"，必须给文字一个呈现的平台。没有平台，文字只能白纸黑字地留在纸上，不能活跃于读者的视线里，活跃于读者的心头和口头。

我开始琢磨怎么改变。我依托现代化的手段，创建了《班级作文周报》，每周让学生给《班级作文周报》投稿。变"作业"为投稿，学生作文发表在《班级作文周报》上，拥有一个读者群——班级同学，同学的家长、亲朋等。同学之间会有口头的对话、交流，也会有书面的"作文争鸣"。我想让学生逐渐明白，作文是拿起笔来说话，作文是人的另一张嘴巴，作文是一种表达，作文是一种交流。

当学生切身感受到作文是一种"表达"和"交流"时，他们就会形成明晰的读者意识。一个写作者，一旦有了读者意识，作文就会发生多方面的变化，这也就是为什么夏丏尊先生会把"读者意识"放到写作的"最大技巧"上来谈论的原因。

关于作文内容

作文没什么可写，这个问题普遍困扰着学生；却不知，写作素材无处不在，写作就是说自己的故事，宣泄自己的情感，表达自己的见闻。

不少人认为，学生生活单调，作文没什么东西可写。

粗看，这个论点有理。细想，这站不住脚。

优等生大都学有余力，有富余时间参加各类文体活动、各类竞赛，他们不缺乏故事。

中等生最悠闲，没竞赛的事找他们，没管理的事等他们，也没茬儿惹老师生气；"培优"轮不上，"辅差"挨不上。中等生的生活自由度最大，自由支配时间最丰富，有那么多自由时间和空间，必然会有很多童年故事。

后进生呢？后进学生学习不好，其原因不外乎上课开小差、管不住自己，明知有作业，玩了再说。有人问某著名作家"为什么你笔下都是些'坏'女人"，作家答，好女人没有故事。此话不无道理。"坏"学生总有那么多"坏"得叫人哭笑不得的趣事。后进生大都经常往教师办公室跑，与老师打交道的时间最长。课堂之外，老师的奇闻轶事，他们知道得最多、最清楚，这些对学生来说都是"国家级"重要机密。

校园生活表面看来风平浪静，其实校园里学生也请客送礼，课堂外学生也有交易市场，小不点的学生娃们也谈"情"说"爱"，孩子们有帮派，有迷惘有看法，有焦灼有诅咒有报复……

十三岁的"儿童作家"蒋方舟，用她的童年生活经历说"这是正常的。其实他们没看到的东西多了，同学们说的话、做的事都是大人们想不到的"。

小学生作文不是没内容可写。马燕辍学，天天与农活儿打交道，《马燕日记》却成为畅销书。学生不是没写作内容，而是不知道自己的困惑、迷惘、秘密、调皮、捣蛋、恶作剧，都可以成为"作文"。一直以来，我们灌输给学生的"作文形象"是，非常故事，非常意义，非常中心，非常人物，非常情感，非常思想。语文课程标准说"能不拘形式地写下见闻、感受和想象，注意表现自己觉得新奇有趣的，或印象最深、最受感动的内容"。一个人一生有多少"最深"、"最受感动"的事？何况是小学生。"最深"、"最受感动"之类的话语，依然给教师和学生以不可抵挡的误导。

要使学生懂得作文就是"我手写我心"，要让学生写自己想说的话，愤怒也好，不满也好，羞涩也好，疾呼也好，感谢也好，道歉也好，后悔也好，要给学生尽可能大的写什么的空间。

我有了《班级作文周报》这个平台，事情就好办了。我着力刊发学生写自己的故事、自己的心情、自己的观点的习作。学生自然就朝着这方面去选择写的内容。学生一旦将习作的眼光投向自己的童年时，就会发现新大陆般发现一个巨大的习作空间。

我让学生写"每日简评"，顾名思义，每天简要记录一个故事、一种心情、一个观点，为"写什么"构建一个宝库。当学生不再囿于"无米之炊"，当"写什么"得到解决时，你会惊奇地发现，学生作文的重心，自然而然地从挖空心思编"故事"，转为煞费苦心想"表达"。这就进入了作文的斟酌、琢磨阶段，这是一个千金难买的写作转变。

关于作文动力

　　学生感受不到作文带给人的快感，总觉得写作是苦事、累事；却不知，写作是才华的展现，是尊严的捍卫，是存在的证明。写作充满激动。

　　爱默生说，思考是世界上最辛苦的事。写作是思考中的思考，辛苦中的辛苦。

　　为何还有那么多人为写作痴为写作迷？写作能给人带来什么？——写作能带给人尊严与荣耀，写作能展现人的才华，捍卫人的尊严，证明人的存在。

　　我们的学生在多年学写作文的过程中，感受到的是作文的"苦"、作文的"累"，很少甚至基本没有感受到作文带给人的那份欣喜和激动。写作的最初也是最激动人心的欣喜和激动在哪里？在"发表"、"获奖"。

　　发表，既表明写作者的才华被认可，又象征着写作者获得了进行公众言说的权利。一个写作者最大的荣耀，莫过于拥有在公众面前言说的能力和资格，绝大多数写作者的主要目的，就是要拥有在公众面前言说的能力和资格。一个写作者看到自己的文字和名字出现在报刊上，既兴奋，又激动。这兴奋、激动，一是因为作者发现自己拥有了另一种说话的方式，这种说话方式能使作者发出更广阔、更洪亮、更久远的声音；同时伴随而至的，还有取得这种别样的说话方式的权利感、获得感、快慰感、成就感。这种权利感、获得感、快慰感、成就感，刺激着写作者以更好的姿态去写作。

　　"发表，是言语学习的'成功'教育，它给人以'高峰体验'，它会影响人的一生。一旦习作成为指向发表的写作，成为学生自我表现和个性发展的主要形式与方式，学生通过文章的发表，源源不断地获得写作的动力和能源，写作教育就将形成一种良性发展的内在机制。"潘新和教授如是说。

"一个合格的作文指导老师，不应该把力量都放在'指导'学生如何写作文上，他至少应当分出一半力量来研究一下如何'发表'这些作文。"作家尚爱兰回顾女儿"儿童作家"蒋方舟的成长历程时说。

在我看来，作文教学得不到突破的一个重要原因是，学生从来没有体验到作文作为"一种公众的言说"给人带来的自尊与自豪、精彩与激荡。学生的作文，只有一个读者——老师，并且，这个有点居高临下的读者，也往往一读了之。

要让每个学生都享受到公开发表的快乐，让每个学生都持续地享受到公开发表的快乐，这似乎是遥不可及的天方夜谭。其实不然，看你如何理解"公开发表"。所谓"公开发表"，可以理解为在某个群体里的公众言说。教师发表教育教学文章，那是在教师这一群体里的公众言说；医生发表医学论文，那是在医生这一群体里的公众言说。学生在《班级作文周报》上发表习作，对他来说，就是一次"公开发表"。对学生来讲，班级是他们最重要的生活区域。

我每周出版一期《班级作文周报》，每一期发表三分之一左右学生的作文。有规律地持续发表，给学生注入了有规律的持续精彩和持续荣耀。学生每发表一篇文章，我颁发一张"刊用纪念卡"，三张刊用纪念卡换"作文新苗"荣誉称号，再有五张刊用纪念卡可换得"作文小能手"称号，再有七张刊用纪念卡可获得"班级小作家"称号，再在《班级作文周报》上刊一期"个人专刊"，获得"班级诺贝尔文学奖"。这一次又一次的、阶梯式的、每个人只要努力一把就能获得的奖，同样也给学生的写作注入了鲜活动力。

苏霍姆林斯基说："教育不在于教给学生多少知识，而在于唤醒、激励和鼓舞。"基于"发表"和"获奖"下的作文教学，就是在唤醒学生对作文的认识，激励学生在与同学的竞争性写作中获得双赢，不断鼓励学生、鼓舞学生向着作文的"青草更深处漫溯"。

关于作文的修改

　　很多人奉"多读多写"为法宝；却不知，唤醒与激励学生主动修改的价值有多大，主动修改是一种写作品质，一种精品意识，一种自我超越。

　　"文章不厌百回改"、"文章是改出来的"，作文要多改、反复改，道理简单、明了。

　　《语文课程标准》说得也很清楚："重视引导学生在自我修改和相互修改的过程中提高写作能力。"要让学生在修改中学会修改，在学会修改的同时，提高作文的斟酌、锤炼、精打细磨的功夫。

　　作文教学的第一关键，是唤醒学生的"我要写"，第二关键，恐怕是要唤醒学生的"我要改"。修改符号、修改方法的教与授，不难；难的是学生主动投入的自主修改。语文老师大都有这样的体会，让学生自改作文，学生往往不肯用心改，作文本发下去，收起来一看，少有改出水平的。——学生没有"改"的主动性、积极性，没有一种追求完美的写作品质，没有一种不断超越自我的写作向往，没有一种要将作文打磨成自己的精品的意识。

　　我创办《班级作文周报》，学生向《班级作文周报》投稿，在竞争性发表的刺激下，我推出了以下"改"的时机和策略：

　　①周一晨读时，学生互改作文，这是学生向《班级作文周报》投稿前的最后一次修改，这次修改的质量，同稿件能否录用有着密切关联。加上我推出"录用一篇修改最认真的习作"的活动，学生修改时很投入，有时，修改后增补的内容，超过了原稿。

　　②周一录用三分之二学生的作文，属于"初选录用"。当天，学生回家再次修改，根据修改和文章质量来确定最终录用的三分之一，下发"稿件录用通知单"。学生都会认真修改，好不容易上报纸，怎么会让

机会白白溜走！"树要皮，人要脸"，学生都想把自己最高的水平展示在全班同学面前。

③文章被录用的学生，自行将文章输入电脑。输入也是一次修改。苏联名著《夏伯阳》的作者富曼诺夫，劝人任何时候也不要把文稿交别人去誊抄，要自己抄，"因为最后一遍抄写，绝不是一件纯技术性的工作，而是最后的润色"。

④《班级作文周报》出版前要打印出样张，由小助手裁剪开来，分发给小作者修改。我们搞"积分活动"，作文680字，得680分，发表后，若被发现有错别字、错标点、病句以及遗漏或矛盾的地方，就要根据规则扣相应的分。此时的修改，是周报出版前的最后一次修改，学生自然特别重视。自改、请小伙伴一起改，不亦乐乎。

⑤每期周报都有四人小组负责审错查漏，错误圈画后，张贴在黑板上。作者和四人小组之间会展开一场辩论。学生间的这场关于修改的辩论，对提高学生的作文修改能力以及作文审美能力有着莫大好处。

总之，要说我教作文有什么诀窍的话，一是让学生明白作文是什么，二是解决学生"写什么"，三是让学生"我要写"，四是让学生"我要改"。

4. 让"习作"变为"喜作"

周一贯

美国现代作家琳莎·施瓦茨在《为自由阅读》一文中说:"阅读这件事,也只有这件事,我是为自己做的。那是一条使我的生活真正属于自己的道路。"此话如此令人动容,无疑是因为今日"阅读"一词已经日渐与"自由"和"愉悦"拉开了距离,成了有浓重功利色彩的"苦读"和"硬读"。

其实,阅读是人们的心灵之舞,理应让人愉悦。也许正因为这样,有人才把"阅读"称为"悦读",一些报刊的读书版就冠名为"悦读"。

笔者由此联想到儿童作文,小学生的"苦作"和"硬作"又何尝不是背离了自由习作的宗旨?说到底,儿童作文也只是一种生命的自然表达和交流,应当是一种快意的宣泄。传统的作文教学离表达的"自由"与"愉悦"已经很远。既然阅读要提倡"悦读",还阅读的本来面目,我们的习作又何妨改成"喜作",也还习作的那份本色本香呢?

儿童作文是快乐的,因为儿童是"快乐的小天使"。儿童以其单纯、快乐的心灵,酿造了自己快乐的生活,才形成了让每一个人一辈子都难以忘怀的童年。请看一位低年级小朋友写的《鞋里养小鱼》:

今天，太阳公公好像遇到了什么伤心事，大哭了一场，弄得地上到处是水洼。我很小心地找没有积水的地方走，遇到水坑就跳一跳，跳过一个，又跳过一个。突然，前面又有一个大水坑，我躲不及，一下子跳了进去，灌了一鞋子的水。旁边的一个小朋友幸灾乐祸地说："顾嘉昊，你的鞋里可以养小鱼了！"这么一说，我笑了，他也笑了。

鞋里灌了水，对大人来说，无疑是一件令人懊恼的事，只能自认倒霉。可是孩子就不一样，不仅没有为此垂头丧气，反而有了惊喜的发现：鞋里可以养小鱼了！看，这就是孩子的快乐心态。

习作本来就应当是快乐的。著名作家冯骥才就写过《表白的快意》一篇文章。他认为每个人都有两个自己，一个是外在的、社会性的、可能变了形的自我；一个是内在的、本质的、真实的自我，这就是心灵。这是生命的孩儿，你一旦面对它，就会感到这原是一片易感的、深情的、灵性而幽阔的世界，一切苦乐悲欢都化为刻骨铭心的诗……而那些难言之隐也都在这里完好保存着、珍藏着、密封着。然而，它受不住永远的封闭。它要撞开围栏，把真实的本质的自己袒露给世界。正因为心灵渴望着表白，这种渴望表白的冲击力，才使表白成为一种宣泄，一种倾诉，一种絮语，一种呼喊，一种快意的创造！

冯骥才先生描绘的当然是成人的那种表白的快意。儿童也许没有那么复杂，没有那么多"密封着"的"难言之隐"，然而正因为他们更希望把真实的本质的自己袒露给世界，所以那单纯的心灵会更渴望表白，会更直接地享受那种表白的快乐。

要让儿童作文真正摆脱"苦作"与"硬作"的不自然状态，变"习作"为"喜作"，关键还在于成人，首先是教师，能正确对待儿童作文，转变自己的态度和"角色"意识。

做一名"向导"，学会"指路"

　　孩子刚开始习作，教师就应当帮助孩子用笔把自己最想说的话写下来。老师要求学生们写"接龙日记"，就是两人共用一个日记本，轮流写日记。要求每个人在每次写日记前，必须读一下前面同学写的日记，并针对这篇日记给那位同学写一句或几句话。开始时，一位学习差的 A 同学实在写不了，就大胆地写了 4 个字："我不会写。"下面的 B 同学看了，拿去问老师："老师，他这也叫日记吗？我给他写什么呢？"老师说："就算是日记吧，你想写什么就写什么好了。"B 同学没办法，就写道："你是一个大笨蛋！"又轮到 A 同学写日记的时候，他看到 B 同学写的话很生气，一怒之下就写道："你为什么骂人？我很诚实，不会就是不会，我不像别人把抄来的东西当自己的充数，你知道吗？"B 同学接着写："诚实当然很好，但不等于你就不笨。那你倒说说，你什么地方比别人聪明？"A 同学看了后，非常激动地写了这样一段话："你还记得那次运动会接力赛吗？根据其他几个组各个运动员的实力，我建议老师重新排列咱们组运动员的顺序，结果咱们组得了第一。老师问我怎么想的，我说是从田忌那里学来的。老师拍着我的脑袋说'你很聪明嘛'。还有，那次你的自行车坏了，好几个同学帮你修都没有修好，还是我用钢丝取代了螺丝帽才修好的。当时你还说我真聪明呢！"这次，B 同学又把日记本拿去给老师看，老师高兴地说："你真了不起，你教会同学写日记了！"最后，B 同学在日记本上写了这样一段话："老师说，你已经会写日记了。老师为什么这么说，你知道吗？"

　　这便是一位当好了"向导"的老师，他只是用写"接龙日记"的方法，引导孩子们自己去"走路"。乍看上去，老师没有做什么，也不去讲日记写法，但是却切切实实地使不会写日记的同学在不知不觉中学会了写日记。

做一位"读者"，学会"欣赏"

老师可能是儿童作文的第一位读者，他得努力扮演好读者这个角色，学会欣赏儿童的创作。这对孩子能更深地感受到"习作"是"喜作"至关重要。

在《无限创意·童年想像》A卷（少年儿童出版社，2001年版）中有这样一篇习作：

独自在家

王安齐

去年暑假，爸爸妈妈要去青岛开四年一度的同学会，要两天时间才回来。我只好一个人在家，自己料理生活。

一大清早，我发现父母都不在家，就开始了一天的生活。我刷好牙，洗好脸，准备做早饭。我拿出一个鸡蛋，打破，倒进碗里，拿起筷子，打起蛋来，"哗"，由于我筷子甩得太厉害，几乎一整碗蛋液都倒到了地上。我顿时惊慌失措，手忙脚乱。突然，被脚下的蛋液滑倒了，连碗都摔破了。我扫掉地上的瓷片，把身上沾满蛋液的衣服换掉。想到刚才那个狼狈样，我笑了，可想到要洗掉衣服上的污垢，脸上的笑容又凝固了。

我拿出洗衣粉，倒进洗衣机，灌进水，又把衣服浸在里面，好不容易准备好了，我一打开洗衣机，泡泡涌上来，弄得我满脸是泡泡，真是哭笑不得。

通过这次看家，我明白了持家也不容易啊！

著名文学评论家吴亮是这样欣赏这篇习作的："王安齐小朋友的作文写得好。打一只鸡蛋在碗里，竟然有'一整碗蛋液'，蛋液泼到地上，人滑倒，碗摔破，衣服弄脏，然后洗衣服，手忙脚乱，'弄得我满脸是泡泡'……你看，一开始是做早饭，结果越忙越乱，很生动，很有动画感，就是最后一句'我明白了持家不容易啊'有点大人腔了。"

也许我们会觉得这篇习作写得不怎么样，但作为一名著名的文学评论家却能完全以一个忠实读者的态度，作了真诚的欣赏。这对于做老师的应当如何去看待孩子的习作，评价孩子的习作，是一个很好的启示。正如吴亮在另一篇文章中所说："儿童作文不要模仿大人讲空话，也不必急于认大人定的规矩，懂事比其他孩子早，差这两年吗？"对，儿童就是儿童，儿童作文就应该是儿童作文。像王安齐同学这样轻松自然地完成习作就很好。要说有缺点，那也就是最后一句"持家也不容易啊"，不够轻松自然，不够"本色"。

做一个"朋友"，学会"商量"

特级教师吉春亚《跨越作文"真实"的尴尬》一文，提出了一个很有意义的问题：提倡儿童作文要真实是对的，但真实的就是健康的吗？教师又应当怎样跨越"真实"的尴尬？文中还举了几例习作：

其一：我们三个人一直是竞争对手，但我从来没有败在她们手上。然而这次期中测试，我输了，而且输得很厉害。我花了这么多的心血怎么会失败？我百思不得其解，心里充满了嫉恨。我恨自己运气太差，嫉她们比我厉害。在那一段黑暗的日子里，我就像被关进了一间封闭的小屋，空荡荡的，冷冰冰的，黑暗暗的，感觉到自己的灵魂已经飞出了身体，度日如年。

其二：我们的英语老师讲课水平一般，又不会管纪律。她上课，教室里肯定是"孙悟空大闹天宫"，我当然也不会那么老实地听讲。谁知，英语老师偏偏把我告到班主任那儿去了，真是倒霉，运气不好啊！

确实，儿童作文在自由表达中什么话都说，就难免有某些不太健康的意识、心态的自然流露。对此，当然不能训斥，也不宜凭空说教。教师的正确态度，是做儿童的大朋友，和他们"商量"，在"商量"中因势利导。《后山居士诗话》有云："为文有三多：看多、做多、商量多。"

作文有老师这样的大朋友与他商量、评改，无疑可以大大提高儿童习作的兴趣。首先，孩子把心里话全说出来，是好事，使"商量"有了基础。如果捂起来不说，纸上全是假、大、空，没得商量，才是问题。其次，孩子也是人，难免会有这样那样的思想，成人尚且不能保证自己任何时候都不会产生一点不健康的思绪，何况儿童？所以，不要把事情看得太严重，小题大做，无限上纲。这时候，孩子最需要的正是老师的友好宽容和商量开导。再次，儿童生活在成人世界中，社会在转型时期难免鱼龙混杂。反文化、泛娱乐化现象的冲击，加上年轻群体反主流、反崇高和特立独行的心态等都不可能不影响少年儿童。所以，儿童作文的自由表达十分需要老师如朋友般的呵护和关怀、引领和开导。只有这样，才能使孩子勇于自由表达，把心里想说的话全部倾吐出来，才会使儿童有率性表白的真正舒畅和快乐。

做一名"教练"，学会"指导"

教练，顾名思义，便是指导学生自练。作文要写得好，当然不可否认方法、技能、技巧的重要性，这些需要反复训练，才能熟练掌握。这种训练更多地应当是学生的自练自悟，它需要教师的指导，但也只能是指导。什么全盘授予、单向灌输、强行塑造、包办代替，都无法取代学生自我操练的快乐。

吕慧丽老师指导学生写日记，就十分明确老师的"教练"意识，请看她写的其中一则教学日记：

2003 年 4 月 17 日　星期四　晴

今天，同学们关于竹林的日记都已经交上来了。果然不出我所料，每位学生态度都很认真，而且写得很好，大部分同学都是超水平发挥，连平时不愿写的项智、陈军、李慧（全为化名）三位同学，也写出了一段段通顺的、充满感情的话。为了让同事分享我的快乐，我临时决定，在年级组上一堂"日记赏读课"。课上，同学们或者毛遂自荐，或者推荐别人，读读、评评、议议、改改，快乐极了！这情景深深地感染了听课的老师们，他们说，真没想到学生那么爱说，那么能说！我从中深深地感受到，每个学生都是充满灵气和潜力的生命体，只要我们注意引导，给他们创设观察、想象的情境，激起学生写作的欲望，他们每次都能写出令人惊讶的好作文来！

是的，在儿童作文教学中，教师要学会当教练。当好教练的诀窍正如吕慧丽老师所言："不在于教给学生多少知识，而在于唤醒、激励和鼓舞。"在这堂"日记赏读课"上，学生可以自荐或推荐别人，可以读，可以评，可以议，可以改，他们成了课堂真正的主人。教师没有以呆板的章法限制他们，更没有以不切实际的标准要求他们，只是像教练那样从旁作耐心的指导，这才使学生感到"快乐极了"。显然，这样便不难使孩子把"习作"变为"喜作"。

把自主的写作权完全还给孩子，让作文真正成为他们快乐的呼喊吧！

5."我要写"的念头最重要

王有声

　　常有朋友问我："您从教50年了，在培养学生作文能力方面，您感到最重要的项目是什么？"作文教学是个复杂的研究领域。简明扼要地回答这个问题，那就是："培养学生树立并巩固'我要写'的念头最为重要。"

　　从《标准》中关于语文学科能力的要求来看，整个小学阶段对学生作文能力的培养，并不在于能写多么长多么好的文章，首先是"我感兴趣"、"我乐于书面表达"、"我要写"，这些念头能在学生幼小心灵中扎根发芽，将是受用终生的。

　　回想60年前，我还是一个小学生。全村四五十个孩子挤在一所破庙里，大复式班，老师、校长、上下课摇铃人，都是这一位。所学课程，算过几道式子题，写过一些大字而已。这就算小学毕业了。作文么，对不起，从来没听说过这门功课。

　　初中时，作文课上，我竟不知道要干什么。老师把《春》这么一个字写在黑板上，便没有他的事了。怎么个"春"法呢？同学们你望望我，他瞧瞧你，愁在眉头，苦在心里。这里的学作文就好像在黑屋子里摸电灯开关，什么时候摸到开关了，灯才能亮。作文课完全是老师"要我写"，"我要写"的念头一点也没有。

升入师范后，遇到一位丁老师。他水平高，有真才实学，把作文是"自己有感而发，有话要写"的道理讲得清楚明白。我开始有了"我要写"的念头。后参加丁老师为辅导员的校文学组，日渐开窍。一次开校运动会，师生对垒进行拔河比赛，整个场面情趣盎然。激动之余，我写了一则千字小文的报道，受到称赞。这是我第一次尝到"我要写"的甜头。不久，升任校文学组组长，破解作文奥秘的愿望与日俱增。到三年级，又换了一位学究式的老师，又是那套"要你写"的教法。明天就要毕业去当老师了。这时，我的思维跳动了一下，并暗暗打定主意：学生学作文太苦了，我明天去教他们，一定不这么教！

1955 年毕业，开始走上讲台。第一个班，从二年级教起，直送到学生毕业。是的，我没有创造这个、那个教学法，我只是通过日常的语文、作文教学，把"我要写"的真心体验传授给学生。具体地说，以下几个方面是我"三脚猫"功夫的主要招数。

让学生高高兴兴上好语文课

众所周知，阅读是写作的基础，学生喜欢上语文课，才能对作文产生兴趣。反之，学生一上语文课就头疼，或昏昏欲睡，老师讲再多的作文大道理也是无济于事的。

例如指导学生用"不但……而且……"造句，若干巴巴地从语法理论出发，说这是递进复句，后半句分量需加重些，学生印象不深。我讲时，先在黑板上画个大大的"日"字形，然后讲解道："这是一座两层楼房，'不但'（板书）住楼下，'而且'（板书）住楼上。它的成句规律就是我们刚刚学过的那句诗'更上一层楼'。"接下来亮出实例：

妈妈不但会织毛衣，而且会织毛裤。

生：我认为这个句子不符合要求。织毛衣和织毛裤，难度差不多。后半句，没有"更上一层楼"。

"说得真好！"我表扬他，"这不行，这是两间平房。"

  叔叔不但爱看科技书，而且爱看小人书。

生：这一句更不行了，连两间平房都够不上。叔叔上完大学，怎么又上幼儿园？

"说得真好，真肯动脑筋，请再看这句吧。"

  爸爸不但会骑自行车，而且会开汽车。

生：我认为这个句子符合要求。前半句，爸爸骑自行车，这是一层楼；后半句，开汽车，更上一层了。

"谁同意她的意见？"嗬，全体举手。"她分析得非常透彻。那么谁能造一个这样的递进复句呢？"

两三分钟后，许多人手举得高高的。听取十几个同学的发言，都符合"更上一层楼"的要求。其中一人说得最好："杨利伟叔叔不但会开汽车，而且能驾驶飞船绕地球转好多圈！"

这个句子赢得全班的掌声。像这样上语文课，学生怎么会没有兴趣呢？

作文课上要突出"我要写"

老师出题学生写，这种作文教学法有年头了。它的主要弊病一是出发点不对，不是以学生为主体，而是教师的一件工作；二是"要我写"，不能激起学生"我要写"的自我表达心情。我的作文教学主要是在课堂上引爆学生思维活动中"我要写"的火花。

例如，有一次我指导学生写《一件小事》。照过去习惯教法，板书题目后，是讲授写"小事"有关的要领，然后让学生被动地"写吧"。这样做，既是"注入式"老路，又调动不起学生动笔的积极性。那怎么办呢？上课后，先来一段深情的感叹："同学们，今天作文写什么，一会儿再说。我得先把刚刚发生的一个激动我心的镜头向你们汇报一下。昨晚，写了一封信，今天骑车上班，正好路边有个邮筒。我骑过去，偷了个懒，没有下车，右脚踩在马路边上，身子一歪，右手拿信想投入邮筒。咳，真不巧，只差两寸距离，够不着。此时，从身后走过一位抱小孩的妇女，顺手从我手中抽过信，投入邮筒。我一愣：怎么大白天要抢我的信？待回过神来，喊了声'谢啦'，人家已经走远了……"

同学们静静地听着，思索着。

师："好啦，话题转过来吧，说我们今天的作文课。今天，我想难难你们，请你们写《一件小事》（板书）。'一件事'，没有难度。难点在那个'小'字上。对不起大家，我又没写范文。"

生：您刚才讲的发信就是很好的范例啊！

生：您过去讲的"小事四原则"：时间短、场面小、人物少和情节简，发信这事就符合要求。

师："是吗？没想到我们课上正好用着了它。哎，一件事存在心里不行，还是说出来痛快多了！"

"请大家喜爱作文吧"、"写作是终生有用的真功夫"，这些话在课堂上似乎不必多讲。老师坚持"下水"，把自己置身于学生当中，当班内"我要写"的排头兵，回头一看，偷着乐吧，全班同学都高高兴兴地跑步跟了上来。

6.还儿童一片牧养想象力的草原

张祖庆

"我们要培养儿童的想象力"——我觉得这句"流行语"值得商榷。窃以为，想象力是从人的生命根性中汩汩流出的，不需要刻意培养，只能靠悉心"牧养"。就像牧民让小羊羔在草原上自由驰骋，羊儿就会主动地吃到很多鲜嫩的草，久之，羊儿就长得壮壮的。想象力是与生俱来的禀赋，只要我们不给孩子太多的束缚，让他们在想象的草原上自由奔跑，想象力就会与日俱增！

儿童的想象力需要牧养

儿童都是天生的诗人。儿童的语言也许缺乏成人的逻辑、成人的深度、成人的圆融，但那些幼稚的话中往往流淌着汩汩的诗情。试看两例：

母亲非常喜欢旅游，带孩子旅游了好几个地方后，问6岁的儿子："旅游是什么？""妈妈，旅游就是在大自然中走动。"

妈妈是当老师的，因为是星期六，躺在床上睡懒觉，显得很慵懒。7岁的儿子对着妈妈的脸兴奋地说："妈妈，我看见你的脸上写着一个'六'！"

如果我们从语法角度对儿童的语言进行修改，规范是规范了，但是灵性却荡然无存。我们要千方百计地为儿童守护牧养想象力的草原，因为草原是很容易被沙化的。有时候我们一不小心就成了侵蚀、破坏草原的罪魁祸首。我们很多时候打着规范语言的口号，干着却是扼杀儿童想象力的勾当。

一次公开课上，一位老师给孩子们读了外国作家写的童话《糖果雨》，接着老师让孩子想象："假如你的天空会下一场神奇的雨，你最希望下什么雨呢？"孩子们的思路一下子打开了。有的说："会下钞票雨，手一伸，就是一把一把的钞票。"有的说："会下金猪雨，黄金做的小猪一只只掉下来，可好玩了！"有的说："下一场作业自动写作机雨，写作业就不用发愁了。"……孩子们的想象五花八门、异彩纷呈。老师接着追问："你认为谁的想象最合理呢？"

在老师的"启发"下，孩子们逐一否定了同伴的想象：

"老师，下钞票雨是不行的，那会让这个世界上的人都变成懒汉。"

"老师，下作业自动写作机雨是不行的，那样我们就再也没人交作业了。"

"老师，下金猪雨是不可能的，因为黄金做的猪掉在头上会砸死人。"

一个原本非常巧妙的想象话题，应该能引发学生更多精彩的想象，却因为"谁的想象最合理"这一糟糕的引导和规范，想象之门无情地关闭了。这就是典型的"圈养"。

那么，想象作文教学有哪些实践形态呢？我比较认同汪士喜老师的分法："材料类想象作文"和"假设类想象作文"。

材料类想象作文可分为：文本材料作文——提供文字材料，让学生展开想象写作文；具象材料作文——根据一些物品、图画写想象作文；抽象材料作文——提供几个词语让学生发挥想象，编写故事。于永正老师上过的《歇后语编故事》，就是典型的抽象材料作文。

那么文本材料作文又可以有哪些常见的样式呢？

类型	训练要领
老课文新演绎	选取比较经典的故事，让学生不改变结局重构故事，或者改变结局重新演绎故事
旧故事谱新篇	"水煮"成语，让孩子们用现代人的思维和笔法，改写古色古香的成语故事
新材料编故事	提取一些比较新鲜的材料（如新闻图片），让孩子们展开想象编故事
按提纲写故事	给孩子们一个故事提纲，让他们抓住想象点进行扩写
续写经典故事	选取文学作品中的经典故事，去掉结尾，进行续写，然后与原文对照

此类想象作文，重在思路的引领。教师要靠充满启发性的语言，靠学生之间的思维碰撞，靠留出整块充裕的时间，去唤醒学生沉睡的想象之神，而不是用告诉与解说去替代、束缚甚至扼杀学生的想象力。

下面再来看看具象材料作文的常见训练样式。

类型	训练要领
图画作文	让孩子们参与图画的设计与改编，想象作文
图形作文	教师画一个三角形、圆形或其他图形，让学生添上几笔，然后编一个故事
物品作文	摆放一些物品，让学生去写作文，可堆放一些玩具、文具、生活用品，如枪、笔、布娃娃、汽车模型等，引导学生想象它们之间可能发生的故事
音像作文	观影像、听声音，展开想象写作文
卡通作文	以卡通形象为凭借，组合起来编故事。比如：皮卡丘、葫芦娃、奥特曼、机器猫、米老鼠、一休等一大堆卡通人物在一起，想象会发生什么故事
绘本作文	引导学生阅读图文并茂的绘本，选取一些可以想象的点，创编故事，读写互动

此类作文的指导，教师要选择色彩明丽、形象生动、冲击力强的影像或实物，勾起学生强烈的想象冲动，促使他们融通斑斓的生活世界与奇异的想象世界，进而打开美妙的想象之门。

假设类作文以时间、空间及角色、功能的假设为主要特征。

类型	训练要领与题目举例
时间假设	让学生写一写《50年后的我》、《20年后的同学会》、《80年后的宁波》……
空间假设	让学生想象自己来到一个从未生活过的空间，想象自己的生存状态，"记录"成文：《火星上的10天》、《亚马孙河探险记》、《月球之旅》、《玛雅考古》、《生死罗布泊》……
角色假设	《假如我是校长》、《假如我是市长》、《假如我是外星人》……
功能假设	赋予某个事物原本没有的本领，如《长翅膀的鞋子》、《神奇的飞毯》、《万能手表》、《隐身衣》、《不老药》、《会飞的狗》、《假如一天有30小时》等

这是"无中生有"式的作文，需要调用学生的生活经验与智力积累。老师可事先让学生去阅读大量的背景材料，充分经历"前作文"的过程（李白坚教授的主张），让他们假想置身于某时、某地，通过想象，虚拟体验。学生在作文之前，其实已经在"作文"了，他们在积累词语，积淀知识，积淀情感，积淀智慧。有了这样的积淀，作文才能厚积薄发。

从圈养到牧养

十多年来，我一直在想象作文教学的园地里摸索着，努力走一条牧养儿童想象力的路子。

案例1：《亚马孙河探险记》

（上这节课的一星期前，教师提前让学生阅读有关亚马孙河的资料和书籍，了解野外生存的常识。课堂伊始，师生一起观看精心制作的亚马孙河风光片。紧接着，生分好探险小队，选好探险工具。）

师：探险工具准备好了，那么咱们就出发吧。请大家闭上眼睛：（煞有介事地）各位探险队员，经过认真的筹备，亚马孙河探险活动今天开始了，我们先从萧山国际机场出发……（响起飞机起飞声）飞机飞往香港，再从香港转机飞往智利。（响起飞机降落声）各位队员，飞机已经在智利机场降落，我们将由智利进入亚马孙河原始森林。（继续富有启发性地叙述）哦，终于见到了魂牵梦绕的亚马孙河。（音乐舒缓，伴随鸟叫）我们赶快进入原始森林吧，在这密密的丛林里，你都看到了什么呢？也许，更多的秘密在森林深处吧，让我们继续往里走，你又发现了什么呢？（音乐节奏明显加快）也许，这静谧的原始森林，危机四伏，险象环生，也许你们有了更多精彩的发现……（音乐明显让人有恐怖感）让我们踏着夕阳的余晖，走上去大本营的路……（音乐优美宁静）请大家睁开眼睛，在刚才的假想探险中，你仿佛经历了什么？你遇到了哪些危险？你又有什么发现呢？请大家先在探险小队内交流一下。

（交流过程略）

师：下面，就请同学们拿起笔，记下探险过程中这难忘的一幕幕。

（屏幕投出习作要求）

记录探险片段　留驻难忘时光
异域风情、惊险时刻、重大发现、难忘的插曲……

友情提醒：

A. 你的经历能给人身临其境的感觉吗？

B. 探险队员们齐心协力相互合作了吗？

C. 你获得了在逆境中生存的智慧了吗？

（生动笔15分钟，师在笔记本电脑上和生一起写作文）

师：请张镭同学把自己写的探险片段读给大家听。其他各队队员仔细听。

（分享4名学生的想象片段。之后，交流、分享老师现场写的探险片段，提炼出"将细节写生动，能给人以身临其境的感觉"这一写作知识。生修改习作。）

案例2：《疤头汤尼的故事》

（师生一起阅读几米的漫画《疤头汤尼的故事》前几幅图，然后出示下一幅）

师：要注意细致入微地观察，不放过任何一个细节，并充分展开想象。（生看图思考，结合自己的想象说说看明白了什么）嗯，大家想象得非常精彩！其实呀，我们看一幅漫画不仅仅去想此刻正在发生什么，还可以想此前曾经发生了什么，此后又会发生什么。这样漫画的意思就丰富了，是不是？所以我们要学会"瞻前顾后"地想象。（板书：瞻前顾后）

什么是"瞻前顾后"呢？（出示文字）

想象，要善于瞻前顾后：

此前，曾发生过什么？

此时，正发生着什么？

此后，会发生些什么？

（生按师的思路把几幅漫画想象成故事，之后，师引导生把其中的一幅漫画写成一个故事，写后组织交流）

师：张老师发现，这位同学在学几米，用诗的形式来写故事。你好好地读，读出诗的味道。

（生放慢朗读节奏，很有感情地）

这一晚，

疤头汤尼做了一个梦，

他梦见自己爬上了全城最高的楼顶，

比猫儿爬得还要高，

还要高。

在那里，

月亮和他说悄悄话，

月亮还给他讲故事，

他也向月亮诉说了许多新奇的想法。

第一次听到月亮的话，

是那样动听；

第一次摸到月亮的肌肤，

是那样凉爽！

（热烈的掌声）

让儿童在想象的草原上"撒欢"

第一，慎提"合理"。老师不要轻易在指导想象作文的时候过早提出"想象要合理"，否则，孩子们在想象时，便会考虑太多，想象的翅膀便难以轻盈地飞翔。只要孩子们的想象不是反人性的，不是低俗无聊的，就随他去。上文提及，有孩子希望天空"下一场作业自动写作机雨"，因为写作业累啊，他想象一下又有何不可呢？在现实生活中无法实现自己的愿望，为何不能让他在文字中倾诉呢？我们为何老是拿起一支无情的红笔，给他们的精彩想象打上大叉叉呢？老师啊，我们能否宽容一点呢？

第二，慎重"升格"。"人之患在好为人师"，很多老师时刻不忘自己是老师，总喜欢在学生作文的结尾加一个"有思想、有内涵"的句子。于是学生作文的结尾，经常出现这样的句子："通过这件事，我明白了一个道理……"一个孩子写了一篇《爷爷老了》：

　　老了多可怕。爷爷老了，说话漏风了，走路挂拐杖了，两颗门牙也"下岗"了。

　　老了，真可怕！

语文老师觉得"思想有点消极"，给改了一个结尾："老了没什么可怕的，就是剩下一颗牙齿，也要让它成为铁齿铜牙。"这么一改，童趣没了，一篇好作文就这样被扼杀了！

当然，"淡化升格，多练少改"，并不意味着纵容学生中的胡思乱想，也不是说想怎么写就怎样写，适当的章法，还是要讲的。"无拘无束想，有章有法练"应该是一种理想的境界。如何把握两者之间的尺度，要靠教师的教育智慧。

第三，慎用范文。在想象作文教学中，老师的范文用不用？窃以为，适当的时候还是要用的，尤其中低年级学生，他们处于习作起步阶段，需要老师的示范引路。到了高年级，要先放后收，老师要先让学生来表达，因为范文过早介入，学生会受范文的制约，文章就会大同小异。将范文适度后置，老师引领之后，再让学生去修改，会给他们以豁然开朗的启悟。范文最好直接选用优秀的文学作品，比如胡适先生的《差不多先生传》，非常幽默。我就有针对性地让学生学习怎么样把文章写得饶有兴趣。他们有兴趣，仿得有模有样。

7. 走向有效的作文教学

薛法根

教师难教、学生怕写的作文教学难题至今难以得到根本的解决。

教和不教没有多大差别：凡写事，无非是讲起因、经过、结果，高潮部分写具体；凡写人，也无非是以事写人，外貌、语言、动作、神态写生动。三年级教到六年级，核心的作文知识就是那么几点，陈旧而又枯燥，缺乏针对性，翻来覆去地讲了许多正确的废话。

写和不写没有多大差距：多写几篇作文，少写几篇作文，甚至更多一些，学生的作文水平几乎看不出有多大的长进，也几乎没有什么损失。同一个学生就同一个作文题目，高年级时写的质量未必有中年级时的好。而从三年级到六年级，却花了260多课时，作文课堂教学的收效依然雾里看花，模模糊糊。

有效的作文课堂教学应该是教得分明、学得清楚，写什么、怎么写、写到什么程度，必须讲到点子上、练到实在处，每一堂作文课都能让每一个学生真正有所收获、有所长进。

因需而作，贵在"立诚"

作文是为了更好地生活，而不是相反，正如叶圣陶先生说的那样：

"尽量运用语言文字并不是生活上的一种奢侈的要求,实在是现代公民所必须具有的一种生活的能力。"

教师组织学生春游,要求回来后写一篇有关春游的作文。有几位学生请假,不为别的,只是怕回来写作文。春游是学生喜欢的生活,但当春游变成了为作文服务,就不再是学生喜欢的生活,而成了累赘。为作文而作文,作文就变成了目的,就失去了作文的生活意义和本质价值,也就失去了作文的乐趣和内在的需要,作文就成了一种负担,甚至成了一种痛苦。假如我们组织学生先讨论到哪儿去春游,推荐最适合春游的地方,学生就会兴致盎然,争先恐后地发言。此时,你让学生将各自推荐的理由有条理地写下来,比一比谁写的理由最充分、最让大家认可,就采纳谁的提议。这时候,往往不让他们写都难。

是什么让学生都乐意写作文了?是生活的需要!他们都要表达自己的想法,都想争取自己的提议被采纳,不投入地写怎么行?在这样的情境中,学生几乎感觉不到这是在作文,而是在生活,作文成了他们生活的需要,成了他们生活的手段和工具。于是,作文就像游戏一样"好玩"起来。

有效的作文教学,应该是让学生感觉不到你是在教他作文,一如"好雨知时节","润物细无声"。

作文是表情达意的需要,所表达的应该是学生的真情实感,"真实"乃是作文的生命之基。叶老认为,写作和说话一样,"立诚"是最要紧的。"写成的文字平凡一点,浅近一点,都不妨事;胸中只有这些平凡的经验和浅近的情思,如果硬要求其奇特深远,便是勉强了。最要问清楚的是,这经验和情思是不是自己胸中的?把它写出来是不是适应生活上的需要?如果是,那就做到了一个'诚'字了。"

简单地说,作文就是"我手写我心"。学生的作文应该写自己觉得有意思的,而不一定是有意义的;学生的作文可以用儿童自己的话语系统来表达,而不一定非得用成人的话语方式。如此,学生在作文的过程中才能真正做到随心所欲、畅所欲言，才会流露真性情，表达真思想，才能真切地体认作文之于生活的意义。

从这个意义上说，有效的作文教学应该使作文与做人统一起来，学作文的过程就是学做人的过程。

降低重心，练实片段

小学生学习作文，大致要经历"说话写话、片段练习、谋篇布局"三个阶段，每个阶段都需要进行扎实而有效的训练，否则就会出现句子不通顺、内容不具体、选材不恰当等根本性的问题。而其中的片段训练尤为关键，用词造句扩展开来，就是段落；段落结构扩展开来，就是篇章，写好段落着实是打实学生作文基本功的重心所在。

1. 阅读积累

作文教学实际上从阅读课上就已经开始了。我们的语文教材中有许多文质兼美的文章，而其中又有数量众多的经典段落，几乎所有的写作方法、表达技巧都蕴涵在这些精美的文章与精彩的段落里。阅读教学不但要引领学生体会字里行间的含义情感，而且要指点学生领会表情达意的方法结构。而后者，正是作文教学的重要内容。因此，我们引导学生阅读、欣赏课文中的典型段落，并熟读成诵，甚至抄录、听写。俗话说，"熟读唐诗三百首，不会作诗也会吟"。经典的片段读得多了、积累得多了，自然会悟到什么叫具体、什么叫形象、什么叫总分、什么叫对比，这些点点滴滴的写作知识往往是伴随着一个一个具体的段落，连同段落所描述的画面、情感，一起沉淀在学生的记忆里的，而学生缺少的正是这样的段落积累。

2. 模仿迁移

读写结合是一个非常有效的作文训练形式。借鉴课文中典型片段的写法，写一写生活中的其他内容，在模仿中习得方法，获得能力。如《桂林山水》中写漓江水的一个段落："我看见过波澜壮阔的大海，玩赏过水平如镜的西湖，却从没看见过漓江这样的水。漓江的水真静啊，静得让你感觉不到它在流动；漓江的水真清啊，清得可以看见江底的沙石；漓江的水真绿啊，绿得仿佛那是一块无瑕的翡翠。船桨激起的微波扩散出一道道水纹，才让你感觉到船在前进，岸在后移。"这个段落语言优美、结构典范。我在教学课文后，先端出一杯龙井茶，让学生看一看、闻一闻、品一品。

学生在饶有情趣的品饮中感受到了龙井茶的绿、香、甜后，再让学生模仿着写一个片段，学生自然运用了对比、排比、比喻等修辞手法，用总分结构写出了龙井茶绿、香、甜的特点，赞美之情洋溢其间。或许，学生模仿的片段大同小异，甚至雷同，但都合乎规范，具体生动。其实，这样千"片"一律、千人一"面"的过程，是学生作文必然要经历的阶段。正如学生刚开始学习走路，几乎都是一模一样的步子，歪歪扭扭，但都会自己走了，甚至会跑了，那又自然会是千姿百态，各显个性。

3. 素描练习

无论是学国画还是学油画，都得有素描的功夫，对物体形状、比例、明暗、透视等的把握能力，都是在素描中练就的。而作文，也需要这样的素描功夫，即对现实生活中静态、动态的物体、场景、活动作细致的观察，而后作如实的描述。不求完整的篇章，只求具体的片段。如，学生回家看到爸爸吃完晚饭，就端着茶杯，坐在沙发上，边抽烟边看报纸。那么，他只要把这个情景用自己的语言如实地描述下来，就是一个极好的片段作文。为了帮助学生把这样的生活片段写得更生动些，我还常常按照学生的描述，组织学生表演，写的学生做导演。这样的表演过程，实际上是再现片段作文的内容，学生会在"好玩"的表演中发现一些缺失的细节，自然就会自觉地弥补、完善，从而逐渐提高片段作文的水平。大量的片段作文不但能练就学生的观察能力、描写能力，而且能培植学生的作文意识，有"量"的积累才有"质"的飞跃。

限时习作，当堂点评

我常常在想：为什么学生都喜欢做游戏，却没几个喜欢写作文？游戏里面藏着什么样的秘密呢？游戏往往有非常严格的限定，必须竭尽全力才能赢得游戏，这让游戏者不断挑战自己的极限，会使其产生无限的高峰体验；游戏的取胜率哪怕只有体育彩票的中奖率那么渺小，可它依然让游戏者觉得有希望，让人愿意因此而再接再厉、跌倒重来。对游戏者来说，可以及时得到反馈并可以得到及时的矫正，让人对游戏充满信心。

而我们的作文教学，恰恰在这几个方面没有让学生有游戏时的那种感觉，自然也就难以吸引学生。

1．限时作文

课堂时间是个常数，学生当堂作文必定有时间的限定。而我们在作文教学中，常常允许学生将没有写完的作文带到课后去完成，有的学生甚至在课堂上刚开了个头，几乎整篇作文都是在课后完成的。且不说课堂作文异化成了课余作文，就学生的作文质量而言，课后作文难以保证每个学生都集中精力认真作文，尤其是作文基础差的学生，因得不到教师的个别指导而放任自流。因此，我每次作文课都留给学生足够的当堂作文的时间，并且规定学生的作文时间，让学生都能在有限的时间内聚精会神、全力以赴地作文。

事实上，学生往往会惊异地发现自己的作文潜能，看到自己的进步，从而不断增强作文的信心。对作文困难生，我常常在这有限的时间内进行个别指导，他们也听得格外专注。

2. 当堂点评

我们对作文常常精改细批，眉批、总评写了一大堆。因此，批改的周期很长，一般要三四天的工夫，有时甚至要整整一周时间。而到进行作文讲评的时候，学生对那次作文早就淡忘了，没有什么兴致。对于教师辛辛苦苦的批语，也只是快速地浏览一下，关心的只是等第。这样的讲评，必然事倍功半。而有效的作文评点必须及时，在学生作文的过程中，趁热打铁，选择典型的学生作文片段，当场组织学生朗读，教师在一旁点评。对于学生作文中的好词好句，教师在点评时鼓励其他学生"偷偷地借用"；对于学生作文中的通病，教师在点评时指明修改方向，作出修改示范，其他学生便"暗暗地修改"。这样的当堂点评，让每个学生得到了及时反馈和矫正，也增强了学生作文的动机和信心。当然，在评点时要坚持先求其"通"，后求其"好"，即先做到文通字顺，进一步的要求，才是具体生动，见解深刻，文采飞扬，个性突出。而且，每次点评，围绕一个作文训练重点，不面面俱到。这样的点评才能给人深刻的印象，也才能将作文的重点训练落到实处。

关于作文之法，郭沫若曾说："于无法之中求得法，有法之后求其化。"有效的作文课堂教学亦如此！

8. 开放式作文教学策略初探

于永正

开放作文教学的目标和内容

1. 目标的开放

传统作文教学的目标，一贯是教师制定的，或者说是"教参"早已定好的，教师照搬来而已。开放式作文教学的目标，既可以让学生参与目标的制定，也可以让学生自定目标。

比如，浙教版小学语文教材第十册有一个习作训练《农贸市场》，习作要求是"有顺序地观察画面，把农贸市场繁荣兴旺的景象写出来"。而这幅图画展示的是 20 世纪 90 年代初期农贸市场的情景，画面也比较模糊。1997 年我上这一课时，照搬教参中的教学目标、教学过程：

审题——明确习作要求——学习习作提示——引导学生从近处到远处仔细观察画面——展开想象说说画面上的内容——听老师读下水文（教参中的范文）——学生写作

结果学生写出的作文与教参中的范文大同小异，偶尔有几位学生作文草稿偏离了我预设的思路，我都一一改过来。当时我还比较得意，以为这样便达到了教学目标。

今年上半年，我又上到这一课，此时新课程的理念已改变了我过去落后的教学理念。面对这一落后于形势的作文教学内容，我想：新课程不是要求教师创造性地利用教材，允许教师对教材增、删、改吗？于是我大胆地对本次作文课进行了如下设计：

学生课前准备：星期天跟妈妈到"好而居农贸市场"或"开发区农贸市场"买菜，参观农贸市场，用照相机拍下或用笔记下你感兴趣的场面。当一回"小顾客"，与摊主讨价还价。有父母或亲戚在菜场卖菜的同学，当一回"摊主"。

教师课前准备：到"好而居农贸市场"或"开发区农贸市场"用数码相机拍下农贸市场卖的东西和各种买卖场面。

习作内容及目标：学生自定。

[教学过程]

（1）闲话"农贸市场"

说说你到农贸市场去看到了什么，听到了什么，你在农贸市场做了些什么，有什么感受。

反思：《语文课程标准》指出，"写作教学应贴近学生实际，让学生易于动笔，乐于表达"。有了到农贸市场实地参观实践的生活经历，学生说起到农贸市场的经历来头头是道，教室很快成了热闹的"农贸市场"。

（2）精彩镜头回放

大屏幕投影显示学生和教师拍摄的农贸市场精彩画面，请拍摄的同学说说自己拍摄的是什么，为什么对这个画面感兴趣。

情景再现：请当过小贩和顾客的同学表演买卖的情景。

选择感兴趣的一幅或几幅画面说一说或写一写；也可以说、写自己印象中最深的一幕。

交流点评。

反思：《语文课程标准》要求学生习作中"写自己想说的话"、"注意表现自己觉得新奇有趣的或印象最深、最受感动的内容"。此例引导学生从最真的心灵体验出发，给表达一个自由的空间。"情动而辞发"，在课堂上让他们有看、有听、有说、有演还有写，淋漓尽致地表达所见、所闻、所感。于是，我便在课堂上听到了妙趣横生的童言稚语，听到了让人忍俊不禁的市场俚语，听到了学生真切的内心感悟……

（3）自定目标自选内容写作

围绕本次到农贸市场的参观实践活动，自定目标，自拟题目，选择感兴趣的场面或印象最深的事情写下来。

反思：《语文课程标准》"提倡学生自主拟题，少写命题作文"、"鼓励自由表达和有创意的表达"。本次的习作训练，我不是帮助学生确定中心，选定内容，指定体裁，而是重在引导学生体验生活，在习作指导中唤起学生心灵的共鸣，激发写作的灵感。开放作文教学目标的制定，让学生自定目标；开放作文教学的内容，让学生自选内容自主拟题。由于摆脱了目标、中心、方法等写作技巧的束缚，学生的情绪更愉悦，表达更自由，语言更生动，思维更灵活。

作文课后，我迫不及待地翻阅学生的作文本，尽管他们的作文依然有错字连篇、语言不通的现象，但是作文的内容、题目却是五花八门：有反映农贸市场繁荣兴旺的《今非昔比的农贸市场》、《热闹的农贸市场》；有赞颂买卖公平、讲诚信、服务热情周到的市场新风尚的《讲诚信的卖菜老伯伯》、《服务热情的卖鱼姑娘》；还有反映自己买菜、卖菜经历的《第一次买菜》、《我当了一回菜贩》；也有批评市场环境差，揭露缺斤短两、以次充好等现象的《请保护农贸市场的环境》、《坑人的小贩》、《我上当了》……

这就是开放作文教学的目标和内容带来的成果。

笔者认为，在新的作文教学理念下，教师制订的目标更应该具有开放性：即面向全体学生的作文目标要有层次性，面对不同学生的作文目标要有个体性，面向现代生活的作文目标要有交际性，面对非命题的作文目标要有多元性。

2. 内容的开放

《语文课程标准》指出，"语文课程应该是开放而富有创新活力的，应尽可能满足不同地区、不同学校、不同学生的需求，并能够根据社会的需要不断自我调节、更新发展"。作文教学更是如此，我们课题组经过两年的作文教学实践，探索了作文教学内容的几种开放形式：

（1）向阅读开放

在阅读教学中充分挖掘习作资源，实现阅读文本的超越。如补写（补写背景，补写结尾，补写文中的空白点等）、改写（改变体裁写，改变人称写，改变时空写等）、仿写、扩写、缩写等等。

在阅读教学中开发学生感兴趣的习作资源，创出习作教学的新洞天。如我校乐艳芳老师上《亮亮捉虫》一课时布置了一个新颖的作业《分清益虫和害虫》，上《数星星的孩子》时让学生写《我和星星一起玩》，这些都是学生感兴趣的习作内容。

（2）向其他学科开放

艺术是相通的，其他学科中蕴涵着丰富的习作资源，将写作教学与其他学科有机融合能起到事半功倍的功效。结合美术学科，低年级可以记绘画日记，中年级可以创作连环画，高年级可以编辑作文小报；结合音乐学科，可以上一堂音乐作文课，如《月光曲》中的盲姑娘和皮鞋匠能听着贝多芬的《月光曲》产生美妙的幻想，我让学生也听着《月光曲》幻想，并把幻想的内容写下来；而习作中的写一项体育活动就非结合体育学科不可了；还有，常识学科中的研究实验为学生的科学小论文提供了素材；信息学科更为学生提供了广阔的虚拟天地……

（3）向学生开放

据了解，大部分学生不喜欢写命题作文，认为要求太多，放不开手脚，一不小心就会离题。学生是习作的主人，不妨将习作内容的选择权交给学生。老师煞费苦心地为学生"拟题"，不如轻轻松松来个"征题"，瞧学生拟的作文题目：《都是××惹的祸》、《虚惊一场》、《当个小孩不容易》、《我们班中"明星"多》——让人一看就有倾吐表达的欲望；《校园"封神榜"》、《唐僧师徒游现代》、《我们班的"四大天王"》——多会借鉴，让人一看就生好奇之心；《"智斗"妈妈》、《给小狗刷牙》、《我当了一回接生婆》——多有童真童趣；《魔法世家》、《卢浮幽灵》、《三兄弟漂流记》、《兄妹全传》——你以为这是哪位小说家的新作？不对，那是我们六（1）班学生在暑假写的连载小说！实施开放式作文教学后，我所带的班级学生渐渐形成了自己的写作风格，如爱写科幻作文的应磊，爱写童话作文的乐燕、夏怡，爱写家庭生活作文的李凯斐，爱写旅游日记的陈炀祎，爱写人生感悟的周权……

开放作文教学的时间和空间

我们认为，时时是写作之时，处处是写作之地，每周两节作文课坐在教室里冥思苦想的写作方式让学生厌烦，何不开放写作教学的时间和空间？

1. 固定的时间，跳跃的空间

每周两节作文课，我们可以让学生走出课堂，根据写作内容，或者让他们到校园内寻找写作素材，如写《校园一角》；或者走出校门到社会上观察生活，如写《农贸市场》；或者走到大自然中参观游览，如写一次游记；或者在音乐教室里伴着柔和的音乐让思绪飞扬；或者在图书室里边找资料边写作……

2. 固定的空间，流动的时间

要引导学生善于观察生活，感悟生活：同一所校园、同一个花坛，一年四季每时每刻大自然都会赋予它们不同的变化；同一个舞台，昨天举行了歌舞表演，今天变成了演讲台，后天又成了科普展览的地方；同一个教室，每天都在上演不同的"戏"；透过一个家庭的窗口，每天都可以看到不同的故事。现代化多媒体的运用，更是能让我们于屏幕之中知过去、游未来，足不出户便能知晓天下事，何愁作文无米下锅？

3. 不定的时间，不定的空间

让学生在一个时期围绕一个中心主题进行训练，比如当春天来临的时候，让学生找春天、读春天、写春天、画春天、赞春天、唱春天。高年级还可以进行课题研究，比如到大街上摘录店名、看店堂布置，写一篇《店名探索》；可以调查小浃江水质污染情况，调查外来民工生活状况，写调查报告等。

4. 抓住突发的写作契机

去年，我校四年级学生唐某在上学路上不幸车祸身亡，全班同学和老师都沉浸在一片哀痛中。语文课上，老师让学生写作文抒发自己对唐某的感情，于是，一篇篇富有真情实感、催人泪下的作文诞生了。其中一个小朋友写的是《天堂里有没有学校》尤其感人，他希望天堂里也有学校，让那些不幸去世的小朋友在天堂里完成学业，表达了孩子纯真美好的愿望。再比如当我们班中一名学生沉迷于电子游戏不能自拔时，我发动全班同学给他写一封信；伊拉克战争时，让学生写《童眼看战争》等，既教作文又教做人。

开放作文教学的评价和指导

我曾经有这样的经历和感受：指导学生写一篇作文，唯恐学生写作"跑题"，于是一步一步仔仔细细"手把手"地教学生写作文，比如观察要从近到远，写作要言之有序，中心要明确，思想要健康，要分几步写，先写什么再写什么，结尾怎样写……啰里啰唆指导了一节课，第二节课还叫学生不要轻易动笔，要列好写作提纲，先想后说再写，怕学生不明白再提供几篇范文或优秀习作，结果学生的作文几乎是同一个模子里刻出来的。于是我责怪学生写作文不会动脑筋，不会想象，人云亦云，给学生做出"不会写作文，不会想象"的评价。越是觉得学生不会写越是要在下一次作文时不放心地细细指导，如此恶性循环，学生便对作文越来越不感兴趣，也越来越不会写了。

在后来的作文教学中，我尝试多种指导方式，渐渐得出了一些经验：

1. 指导宜精不宜滥

指导过多只会让学生学会用老师的眼睛看世界，而不会用自己的心灵感受生活。因此，我们要教给学生观察的方法，但不应指导学生在写作中用何种观察方法；要教育学生写作要有顺序，但不应指导学生选择何种顺序写作；要指导学生明确题意，但不必指导学生理解题意、感悟题意；要在学生有困难时指导，不要让指导成为学生构思的定式影响。

2. 指导宜灵活不宜死板

比如写《××，我想对你说》，就要指导学生理解这里的"××"既可以是人，也可以是动物、植物，甚至是没有生命的一件物品。再指导学生进一步明白"人"可以是长辈（父母、老师、爷爷奶奶等），也可以是同辈（兄弟姐妹、同学、朋友等）；可以是你熟悉的人也可以是陌生人；可以是现实中的人，也可以是文学创作中的人物、动画人物等（如孙悟空）。至于"我想对你说"的内容，更是不拘一格，重在引导学生倾吐心声。

3. 指导宜开放不宜封闭

指导的过程应该是开放的，不拘泥于习作前指导，根据学生的需

要，在习作中、习作后指导也是很重要的。指导的方式是开放的，可以开设精品作文欣赏课，以欣赏感悟代替习作指导；可以让学生指导学生，在探讨式的交流中共同提高；还可以尝试让学生"指导"老师，出示教师的下水文，让学生评议指导，学生便会有一种莫大的成就感，并在对教师"下水文"的评议指导中学会写作。

说起对学生作文的评价，一般教师采用的方法是在学生的文章中圈圈画画点点，将学生的文章修改通顺，然后采用百分制或等级制，最多加上几句论断式的评语，如"内容具体、中心突出"、"事情经过不够具体"等等。《语文课程标准》中关于"写作"的评价建议有："应重视对写作的过程与方法、情感与态度的评价"、"重视对写作材料准备过程的评价"、"重视对作文修改的评价"、"采用多种评价方式"……

新课程理念下的作文评价究竟应该怎样

1. 评价要关注学生发展

要明确对学生的评价目的不是甄别选拔写作高手，而是促进全体学生的发展。比如，取消不合格分，实在不行的暂不打分，实行A—AA—AAA制，优秀的为A，特别优秀的达到上一个年级水平的评为AA，作文出色的可以在报刊上发表的评为AAA，对自己作文分不满意的可以重新修改写作后让老师重新打分。教师还要在学生的作文本上多写一些具体化的、鼓励性的评语："这个词语用得妙极了！""瞧你这支生花妙笔把蛟山公园写得多美呀！"……该修改的地方不要由教师一改了之，可以委婉地道出修改意见，如"把这些错别字改正，你的文章会更完美。""再读读这句话，你发现什么？""老师多想在你的作文里看到生动的表情和对话"……

2. 多一把衡量的尺子

张化万老师说："不要用经验作为评价未来的唯一准绳，不要因我们的迟钝否定儿童新奇的故事，不要因过分强调合理性而扼杀孩子大胆新奇的想象。"其实，去掉我们惯有的作文评价原则，如"内容丰富、中心明确、思想健康、语句通顺"等，多一把衡量的尺子，换一种眼光看学生的作文，也许你会有新的发现。我曾经尝试为学生的一篇作文打两个成绩，一个是"语言表达分"，一个是"个性创意分"。有的学生语言表达力不好，按常规只能打及格分，但细看他的作文独特而有个性，或是充满真情实感，所以他的"个性创意分"就是"优"；有的学生语言表达能力较强，文中有许多华丽的词藻，但感觉作文太中规中矩，缺乏新意，"个性创意分"的评价就让他们明白了努力的方向。

3. 进行多层次、多元化评价

作文评价让老师、学生、家长等多方参与，每个人的评价侧重点和层次性又有所不同，比如让学生对写作的过程与方法、情感与态度进行自我评价；让同学之间互相修改作文，互写作文评语；让家长监督孩子是否在作文中说真话、抒真情，对孩子的作文作纵向比较，看是否有进步，指出努力方向；让老师对学生作文过程及结果进行终端评价。还可以推荐学生作文在班级"作文园地"、学校宣传窗、黑板报等处刊出，或是参加各级作文大赛，到各级报刊投稿，让社会力量也来参与学生的作文评价。

9.运用情境教学法指导学生写作

李吉林

　　"心有所思，情有所感，而后有所撰作。"叶圣陶先生这句话，揭示了人写作的心理活动的规律。学生作文，也是如此。若心无所思，情无所感，必然搜索枯肠，写不出文章来。

　　儿童的心胸坦荡，他们是喜欢表达自己所见所闻，表白自己所思所想的。照理说，作文应该是学生喜爱的学习活动。然而，儿童的思想淳朴，他们不会故作姿态，无病呻吟，要他们表达自己无动于衷的事物，便甚感苦恼。因此，作文又很可能成为学生望而生畏、极力回避的课业。由此看来，作文的指导，应着力于给学生深刻的感受，以获取丰富的题材，而不在于作法的指导。古人说"情动而辞发"，意思是作文若能伴随着情感的活动，则可一挥而就。于是，我运用情境教学法，让学生身临其境，细细体察，把观察、感受、表达三者统一在特定的情境之中，为学生创设具体生动的语言环境，做到有感而发。现以《和书画家范曾叔叔见面》一次作文指导为例，略作说明。

激发欲望，让学生主动进入情境

　　著名书画家范曾同志是我校校友，有一次回到家乡探亲。其时正是隆冬时节，天气严寒，范曾同志每日照例黎明即起，奋笔作画。艺术家所走的成才之路，是对学生进行立志成才教育的具体题材。我们便向范曾同志提出回母校和学生见面的要求。范曾同志欣然允诺。和名人联欢，是学校普遍开展的活动。然而，如何开展却大有讲究。要使学生在活动中"情有所感"，首先要激发学生参加活动的欲望，使其成为活动的主人，主动地进入情境。

活动前，我让学生欣赏范曾同志精美的画册，让学生领略著名书画家高超的艺术，促使学生形成对艺术家的仰慕，并激发与其相见的欲望。当学生听到范曾叔叔回家乡的消息时，便不约而同地提出："范曾叔叔回母校吗？""我们能见到他吗？"不少学生还主动写信，邀请范曾叔叔回母校。活动尚未开展，学生的情感已被激发起来了。在学生正渴望着和书画家见面时，我们请来了范曾同志。那天，我向学生宣布这一喜讯时，学生顿时欢呼雀跃，兴奋不已，教室里掌声不绝。学生情绪激动，形成了主动参加活动的内部诱因。在整个活动中，学生一直处于兴奋状态。从请范曾同志作画、写字，到听范曾同志苦练的事迹介绍，都是随着学生情感的发展，主动提出的。因为是他们自己的要求，就倍感亲切。他们看得特别真，听得分外切，留下的印象是久远难忘的。正如他们自己说的："范曾叔叔写的'苦练精思'四个字，不但写在纸上，而且深深地刻在我们心里。"

唤起注意，让学生细致地体察情境

要使学生细致地体察情境，必须有意识地利用学生的无意注意，并唤起他们的有意注意，促使他们敏锐地体察情境。

在范曾同志即将进教室时，我满怀激情地提示他们：小朋友们还没见过范曾叔叔，他是什么样儿的呢？再过几分钟你们就可以看到了（其意在启发学生注意观察范曾叔叔的外貌）；范曾叔叔讲话是很有趣的，看哪个小朋友能把他说的话记住，还能抓住其中最主要的（其意在指导学生注意听别人的话）；如果范曾叔叔当场作画，你们看他是怎么画的，有没有什么诀窍（其意在指导学生精细观察）。简单的几句话，就把学生的无意注意和有意注意结合起来了，促使学生在积极、振奋的情绪中，展开智力的活动。全班学生更加急切地要见到范曾叔叔，有的禁不住踮起脚，朝窗外望去。我并不阻拦，以使他们的感情能得到表露。学生的观察，罩上了情感的色彩，就容易细致入微。他们是那样兴致勃勃地描绘着这一情境。

今天我们正坐在教室里等李老师来上课，突然李老师兴冲冲地走进教室对我们说："同学们，告诉你们一个好消息，范曾叔叔就要到我们这儿来了。"我们真不相信自己的耳朵。焦急地等啊，等啊。不一会儿，李老师喊了起来："范曾叔叔来了！"

范曾叔叔迈着稳健的步子走进教室，"小朋友好！"范曾叔叔高兴地说。

……

当范曾同志拿起笔，当场作画时，教室里静静的，学生的注意力全被范曾同志的画笔吸引住了。此时，我便启发学生体会自己的心情，体察整个教室里的气氛，注意范曾叔叔作画时的动作神态。这样，已被唤起的无意注意，又加上有意注意的因素，使学生注意力更为集中，形成了优势兴奋中心，这就极大地提高了有效感受力。学生凝神地看着，内部语言迅速地组织着。

学生亲眼看到了范曾同志作画、写字后，对书画家如何用手中的笔创作艺术，有了具体深刻的感受，对艺术家的仰慕也更为强烈了。当范曾同志要离开教室时，学生情不自禁起立，目送着范曾叔叔。我便又因势利导：现在你们目送着艺术家的背影，心里在想些什么，使学生再一次体察自己的心情，让他们胸中激起一阵从小要立志成才的波澜，使活动在学生的深思中结束。正如曹阳小朋友在作文中写的那样："俗话说，功夫不负有心人。范曾叔叔是天才吗？不，天才在于勤奋。范曾叔

叔是经过苦练，经过精思，才会有这么大的成就的。"

指导表述，让学生学会描述情境

学生的感受，通过表述，会更为明确，更为深刻。而以往的做法，一般是先开展活动，然后指导作文。为了使学生体验得更细些，感受得更深些，我把活动和指导表达结合起来进行，让学生在活动中，凭借具体的情境练习表达，促使他们把眼前的情境和语言沟通起来。范曾叔叔来了，我启发学生把等待的心情、欢迎的场面，描述给范曾叔叔听；范曾叔叔当场作画时，我让学生描述教室里的气氛和自己的感受；范曾叔叔作画完毕，我又引导学生描述范曾叔叔作画时的动作和所画的李白的形象。

在和范曾叔叔见面的活动中，看范曾叔叔作画是主要环节，在他们的作文中应是重要段落。但是要学生描绘范曾叔叔所画的李白的形象，有一定的难度，这就需要适当地作些点拨。我便扣住画面上李白腰间飘起的衣带，启发学生想象：这时候，李白站在哪儿呢？是江风，还是山野的风拂起李白的衣带？这一点拨，使学生由画中诗人的形象，联想到学过的诗人所作的诗篇，从而帮助学生理解画意，懂得画中的诗情。他们张开了想象的翅膀，生动地描绘了这一情境。许焰同学在作文中这样写道：

范曾叔叔拿起笔，在纸上几笔一勾，李白的头像就出现在我们眼前；又描了几笔，李白立刻穿上了长袍，腰带随着微风飘着，飘着……看着画，我仿佛看到李白站在堤岸上，望着远去的孤帆。孤帆越去越远，最后消失在天水之间。也许李白是站在巍巍庐山上，望着香炉峰上飞流直下的瀑布，作起诗来："日照香炉生紫烟，遥看瀑布挂前川……"这像什么呢？啊！这多像银河从九天落下……

我感到要学生学会描绘情境，对情境中突出的场景应着力指导，启发学生展开想象，把观察和想象有机地结合起来。

指导学生表达，我认为主要在于指导学生的思维活动。学生会想才会写。想得有条理，写起来就不至于杂乱无章；思路狭窄，表达的内容就不可能丰富具体。而这些思维的训练，必须在指导过程中密切结合审题、篇章结构的训练进行。作文要中心明确，小学生一般把握不住。我便采取提供同一题材，让学生自己命题的办法。学生在命题中，把所感受的情境，经过自己的抽象概括，对作文中心势必有所理解。和范曾叔叔见面的活动后，我就启发学生自己命题，学生积极性很高，一下子想了《和范曾叔叔见面》、《范曾叔叔回母校》、《苦练精思》、《和范曾叔叔在一起》、《难忘的会见》等十来个题目，然后再引导学生评出好题目。在学生评价、判断的过程中，又进一步引导学生学会审题，把握文章的中心。

明确了中心还要懂得叙述的层次。我让学生自拟提纲，明确先写什么，后写什么。教师统一编好提纲，往往会限制学生的思路，造成文章的千篇一律。学生自拟提纲，不仅可以各抒己见，而且可以训练学生逻辑思维的能力和组织能力。因此，我常常鼓励学生自己拟提纲，让他们在动笔前，有明确的思路。我要求他们各自思考一下：和范曾叔叔见面的活动，你根据自己选好的题目，准备按照什么顺序来写。学生思考的过程，也就是组织材料的过程。学生独立思考，发表了很好的意见：

我先写等待范曾叔叔来，再写看范曾叔叔画画，然后写范曾叔叔给我们讲的话。

我先写欢迎，下面就写联欢，最后写欢送。

我不写欢迎，一开始就写联欢，可以不可以？

我分四层来写：一、盼望；二、欢迎；三、联欢；四、欢送。

我先写教室里挂着范曾叔叔的画，然后再写和范曾叔叔见面。

......

学生思维的独立性得到发展以后，他们学习的自信心就会增强，学习的积极性也必然随之而提高，这又进一步促使他们努力把情境描绘得具体、生动。

教学实践使我体会到，运用情境教学法，把学生带入情境，仔细体察情境，学生必有所感。而"有所感"就会"动其情"，"动其情"则"辞必发"。

10. 模仿：通往自由创新的天路

刘发建

新课程实施以来，作文教学出现了一些新局面，学生的个性得到尊重，作文教学的形式开始多样化。然而，仍有大部分学生的个性无法张扬，拥有了自由却无法行笔，渴望创新往往不知如何出新。笔者认为，重要原因在于我们在追求"自由创新"的路上，丢弃了作文教学的传统法宝——模仿。

手上没有范文，老师自然不知道今天的作文课该教什么；案头没有了范文引路，学生自然就不知道今天的作文该怎样写。事实上，有了范文，又往往容易限制学生的自由和个性，习作难免千篇一律。于是，在"创新和模仿"发生矛盾的时候，我们彻底舍弃了模仿。其实对"模仿"，我们到底了解多少呢？

模仿是一切学习之母——明确模仿对儿童学习作文的意义

模仿是动物的本能。人的模仿能力在动物之上。儿童的模仿能力又在成人之上。

可以这样教作文

1. 儿童具有模仿的天赋

我们常说环境对儿童的成长具有重要影响，就因为儿童对周围的一切具有先天的模仿能力。从蹒跚学步到健步如飞，从牙牙学语到口若悬河，从一笔一画的临帖到飞笔走龙的书画，可以说儿童成长的每一步都离不开模仿。对外界的模仿，既是儿童一种正常的心理需求，也是儿童谋求生命发展的基本学习行为；既是儿童的一种本能，也是儿童学习的基本权利。

2. 人类的一切学习行为都是从模仿起步

古今中外，人类学习任何一门技术都是从模仿起步的。音乐课，学生通过模仿学会唱歌、弹琴的基本技能；美术课，学生通过模仿学会构图、绘画的基本技法；体育课，学生通过模仿学会跑步、跨栏的基本步伐；数学课，学生通过模仿学会公式运用的基本方法；科学课，学生通过模仿学会观察、实验的基本能力……作文也是一门基本生活技术，自然不能脱离模仿。

3. 模仿是学习作文的基本方式

每一个有写作体验的人，回忆自己的写作成长史，可以发现自己写文章，无一不是从自己阅读过的大量文本中择优模仿出来的。学习写作的本质就是学习写作方法，写作技法的获取就是通过大量的阅读与模仿，来完成迁移和内化的。作文教学的本质也就是教学写作技法，而写作技法的传授是无法脱离范文来讲解和示范的。模仿，是作文教学的基本规律。

走出模仿教学的误区——认识模仿与创新的内在关系

《语文课程标准》提出，作文要有个性，要让学生自由表达，要培养学生的创新思维和创新意识。这是时代发展的要求，是完全正确的。但是《课标》并没有明确指出"张扬个性、自由表达、创新思维"的教学"路径"。这条路径就是大量阅读、学习经典文章，储存大量的规范表达技巧模块，并逐步内化迁移，也就是模仿。但因为我们长期忽视对模仿的研究，把模仿视为一种简单机械的学习方式，走入了模仿的误区。

1. 误区一：模仿是简单机械的学习方式

模仿看似简单，实际上是极为复杂的学习方式。在不同的学习阶段，面对不同的学习目的，模仿的形式是灵活多样的。譬如，我们常用的整体模仿和局部模仿、单一性模仿和综合性模仿、自主性模仿和指定性模仿、批判性模仿和鉴赏性模仿，等等，完全可以针对不同的教学对象和教学目标，灵活采取不同的模仿形式。模仿，绝不是我们过去那种给孩子一篇范文，让孩子去依葫芦画瓢。从一定角度讲，模仿的运用能力，是检验教师因材施教能力的一块试金石。

2. 误区二：儿童只会简单机械地模仿

不少老师也知道模仿的形式是多样的，但是他们认为孩子只会简单模仿。他们以为给孩子一篇范文，孩子就只会照搬照抄。事实并非如此。让孩子临摹出来的画，绝不会和实物一模一样。只有我们的成年人的画会"以假乱真"。儿童的模仿几乎都是个性化的，是丰富多彩的。所以毕加索说："我能用很短的时间画得像一位大师，但我却要用一生去学画得像个儿童。"

3. 误区三：模仿是被动的学习方式

我为什么要模仿这篇范文？这篇范文有哪些技巧值得我模仿？我除了模仿这一篇范文，还打算借鉴哪些片段？这些问题是学生模仿时最原始的心理活动。模仿什么不模仿什么，学生的主动性和个性都能得到发挥。

4. 误区四：模仿是导致学生作文千篇一律的罪魁祸首

作文千篇一律不是模仿的错，也不是学生的错，而是我们在操作上强制模仿单一范文的错。即使认定一部分学生的习作有"雷同现象"，我们也不能只看到"雷同现象"，不去认真地反思"雷同现象"隐含的深层价值。"雷同"最直接地说明了这几个或者十几个学生是模仿了同样的范文，他们就是通过借助模仿范文来完成了"由不会写到会写"这样一个学习过程的。没有范文的引导，这些学生就永远停留在"不会写"的境地。对于初学作文的小学生，课堂作文出现"雷同现象"，完全是正常的，是必然的。

5. 误区五：模仿遏制了学生的个性和创新精神

我们总是简单地认为，"模仿"就是对个性的扼杀，是创新的天敌。其实，静下心来想想，屈原、陶渊明、李白、杜甫、曹雪芹，哪一位不是从严格的诗词格律的模仿中走出来的？又有哪一位不是个性鲜明、风格凌厉的？

对于儿童来讲，创新，不是追求无中生有；而是一种择优，一种改良，一种超越。科学的模仿本身就是一种创新。"他山之石，可以攻玉"。孩子们用别人的方法，表达自己的真情实感，这就是创新。

6. 误区六：写作天才不需要模仿

几乎所有的作家都强调个性和自由，都在不同场合表示"写作不是可以教会的"。近年来也涌现了不少韩寒这样"自学成才"的少年作家。他们沿着新概念作文开辟的"新思维，新表达，真体验"的道路，才情飞扬。少年作家是创新作文的领路人，但他们也不是不需要模仿，而是拒绝机械模仿，从而进入了自由模仿和自主创作的天地。他们有着大量的阅读量，他们有着丰富的模仿资源和灵活的模仿技能。当然，作文教学不是培养少年作家，不能把所有孩子都当韩寒来培养。对普通的孩子，模仿更是需要耐心引导和悉心研究的。

开拓科学模仿新途径——让模仿与创新同步共舞

1. 要逐步建立多元化的范文库

范文主要以教材的课文为主。课文大多文质兼美。一个主题单元三四个文本，就是一个小小的多元化范文库。但教材中的习作训练，又常常和课文不配套。这就需要教师建立自己的范文库。最近五年来，我把学生习作本上的"佳作"都收集起来，储存在电脑中。此外，再把日常生活中阅读到的一些名家经典收集起来。这样各种体裁和各种话题的范文有了数百篇，学生需要什么样的范文，我就能给他们提供相应的范文。这个范文库也是不断累积、不断更新、与时俱进的。

2. 要善于选择出示范文的时机

学生动笔前出示范文，是一种常用方法，但不是唯一的。有时候，在学生完成习作之后，我们再出示范文，这就给学生修改习作提供了一个对比模仿的机会。我们还可以在同学相互交流和教师点评的时候，把点评例文作为模仿的参照物。有时候，发现个别学生在习作途中卡壳，也可中途为他们提供范文。这时候，他也许只要看一分钟，就能顺顺当当写下去。范文的出示，应该建立在学生需要的基础上。

3. 要引导学生学会正确看待范文

范文有值得我们学习的地方，但也不是完美无缺的。引导学生看到范文的一些瑕疵，既有利于发挥学生的创造性模仿能力，也有利于增强学生习作的自信心，更有利于防范学生照搬照抄的现象。切忌将范文夸张成似乎是完美无缺的。

4. 要打破单一模仿的格局

让全班同学统一模仿一个经典文本，有时也很有效，但一定要尽可能地少用这一招。一般情况下，尽可能做到一个题材多个范文。有以谋篇布局的写作形式见长的，有以素材挖掘、择取见长的，有以个性独特的语言风格取胜的。有了不同风格的范文供选择，学生的模仿同样能具有个性，这样就可有效避免模仿带来的"千篇一律"问题。

5. 要把模仿的主动权交给学生

学生既有模仿的权利，也有拒绝模仿的权利。当他的习作遇到困难时，他有权利拿出自己喜欢的范文来模仿；他如果觉得老师提供的范文不适合他的需要，他也可以拒绝模仿。特别是有一些作文能力比较强的学生，他们完全可以摆脱眼前的范文，而对自己头脑中的范文进行自由模仿。模仿可以强化，但不能强制。

6. 要进行分层模仿的指导

注意模仿的层次，不同学力、不同水平的学生的模仿能力是不一样的。有的看一篇文章，就能照样子写习作，有的要把范文放在眼前，边看边模仿；有的全文模仿，有的局部模仿；有的只能模仿一篇，有的孩子能同时模仿好几篇；甚至有个别特困难的还需要边抄边模仿。对这些模仿的方法我们都要宽容，学生具备什么样的模仿能力，我们就要引导他使用相应的模仿方法。我们要相信，一个自己会走路的人，他是不需要你来背他走的。

7. 要科学地评价模仿习作

在评价的时候，我们就可以按照"自主模仿"、"综合模仿"、"范文模仿"和"套作模仿"的不同模仿方式，进行不同等级的评价。鼓励学生由低级模仿向高级模仿发展，由单一模仿向综合模仿发展。

8. 要为学生开辟自由模仿空间

课内取法，课外用法。要鼓励学生在课外自由习作的时候，尽量不要照着范文模仿，而要学会模仿自己头脑中的范文，甚至可以摆脱具体的范文，进行自由习作。课外取法，课内用法。不是说每次作文课都要拿出范文来，一个学期，也可以搞几次作文考试、作文竞赛或者现场征文，题目一出，限时交稿。这对学生灵活运用模仿的方法，培养学生作文个性和创新思维，是极为有利的。

模仿，千变万化，绝不简单。它是一个具有高度智慧与复杂技巧的教学方式。面对不同年段的学生，面对不同的题目，面对不同的场合，如何出示范文，什么可以模仿，什么不可以模仿，范文该如何一步一步展开，这些教学细节，我们需要结合实践认真研究。

创新和模仿不是一对不可调和的矛盾，提倡作文教学要以"模仿"为核心，并非反对创新和个性，而恰恰是为学生"表达个性和自由创新"搭建有效的学习路径。

模仿不是目的，模仿是通往自由习作的必经之途。模仿是创新的翅膀。我们折了孩子的翅膀，却要孩子去飞翔。这是我们犯下的错。

小学生作文的创新，不是追求作文形式和作文技巧的出新，而是追求方法的灵活运用。小学作文注重作文内容的创新，也不是要求孩子"言人所未言，想人所未想"，而是在于学生能够真实地表达自己的梦想、生活、情感、思想，从一定角度讲，"真实"就是创新。在作文的起步阶段，学生只有经过系统模仿名家名作的规范技法的过程，才能逐步学会自由地表达真情实感。

11. 习作就是要纸上练兵

高林生

在如今的习作教学中，重说轻写的现象还相当普遍。每逢作文，老师总是先引导学生把要写的内容热热闹闹地说上一通，然后再让学生用文字把所说记录下来。这样做的结果，往往事与愿违。说的时候七嘴八舌、活灵活现；一旦要动笔了，不少的学生依然是眼望着天花板，紧皱着眉头，长吁短叹，就是不知道从何处下笔。之所以如此，在很大程度上是我们简单地将"说"等同于"写"，自认为"会说就一定会写"的缘故。

从宏观上讲，"说写同源"、"先说后写"是不错的。人不就是先有了语言，学会了说话，然后才有了记录语言的文字，学会写字的吗？所以有人说，语言和文字本来就是一根藤上结出的两个瓜。但是，我们在肯定和强调语言与文字同根同源的时候，还必须清醒地看到二者的差异。

"说"与"写"在"年龄"上的差异

这二者在"年龄"上的差异绝不是一天、两天，而要以百万年计算。资料显示，人类的语言大约诞生在200万年以前，而人类最古老的文字也只有几千年的历史。也可能正是语言和文字诞生年代相去甚远这一原因，直至今天，人脑中指挥人发音说话的神经中枢与指挥人书写的神经中枢并没有合二为一，此二者并不在同一个脑区。近现代脑科学和神经科学的研究已经证明，在人脑中，司职言语运动的"布洛卡区"是在人脑左半球额下回后部，而"对于用右手写字的人来说，书写动作是由大脑左半球前运动区的中间区域（即'爱克斯纳区'）所控制"。（王德春、吴本虎、王德林编著：《神经语言学》，上海外语教育出版社1999年版，第19页、170页）因此，要想使司职言语运动的"布洛卡区"和指挥书写动作的"爱克斯纳区"之间的神经联系得到加强，就必须通过后天反复多次的"写话"锻炼。没有这种锻炼，"说"与"写"是无法实现自动连接的。还需要强调指出的是，人脑各区的兴奋和抑制总处于一种不平衡的状态，各个脑区的活动与抑制就像跷跷板或扳手腕一样，一个脑区往往会牵制另一个脑区。在一般的情况下，跷跷板上的一个人比其同伴轻得多，或扳手腕的一方比其对手弱得多，那么，大脑的平衡就会被打破。如果一个脑区的活动偏低，另一个脑区就会变得异常活跃。（苏珊·格林菲尔德著：《人脑之谜》，上海科学技术出版社1998年版，第31页）

正是基于以上原因，一个人在他"说话"所涉及的脑区异常兴奋的时候，指挥"书写"的神经中枢就会受到相对抑制，所以说起来滔滔不绝与天花乱坠并不一定能直接带来笔下的丰富多彩。这倒很有点像一个人学骑自行车，当他的骑术尚不熟练的时候，骑车人是不敢也不能与人交谈的。只有到了骑术已相当熟练，已经将骑行变成了一种不需思考的习惯动作时，他才有可能"一心二用"，才可能在车上随心所欲地与他人交谈。与之同理，真是要让我们的学生达到"我手写我口"的理想境界，那就必须在他们大脑发育的关键期，通过反反复复的手脑并用的"写"的锻炼，先要把"写"变成一种动力定型后，才可能把心中要说的"话"即刻转化为笔下足以传达自己意思的文字串。这就是为什么要在低年级进行无拘无束的写话练习的原因。没有这种大量的写话做基础，到了中年级，进入习作的时候必然会出现心中有话、笔下无言的尴尬局面。因此，简单地、笼统地说"会说就一定会写"是不现实和不科学的。

从"得心应口"与"得心应手"的转换方式来看，得于心而用口去说和得于心而用手去写的差异也很明显

所谓"得心应口"，也就是大家通常所说的"看到什么就说什么"。从现实的情况看，"得心应口"几乎成了一个人的本能。一个发育正常的小孩子，生活在一定的语言环境之中，大约到了五六岁，"看到什么就说什么"是不会有太大问题的。无怪乎美国著名的语言学家乔姆斯基惊叹："人的思维特性使得一个孩子能够习得一种复杂的和具有高度表达力的人类语言。"语言学家称小孩在2—6岁这个时期是小语言学家的时期。然而，要想达到"得心应手"，即"看到什么就能用恰当的文字把它表达出来"的境界，就远没有那么简单了。首先你得识字，这也就是说，你得把日常生活中那些举目能见的事物和那些数目众多，但只能与这一事物相对应的文字符号挂起钩来。其次，你还要学会写字，要把已经能够与具体事物挂起钩来的文字符号用笔写出来。这二者相较，"得心应手"远比"得心应口"来得复杂。

回到习作这个话题上来，不管是"得心应口"也好，还是"得心应手"也罢。首先要得于"心"，这也就是说，必须把日常能见的事物通过观察、感受、积累变成存储于心的"说"或"写"的素材。没有这样一个过程，无论是"说"，还是"写"都是无法实现的。在日常生活中，人们总是凭借自身的感觉器官从外部世界获取各种各样的信息。而各种信息进入感觉器官以后，首先要通过不同的神经通道传递到分属于左右半球的各个脑区，然后再通过信息交流进行整合。但需要说明的是，在儿童时期，能把大脑左右半球联系起来的粗大神经纤维束——胼胝体的发育所持续的时间较为漫长（约为10年）。这极大地限制了儿

童大脑两个半球之间的信息交流。有实验证明，4岁儿童的大脑两侧半球的信息交流的渠道很不畅通，不能共享各自得到的信息，一些触觉的、复杂视觉的、情感的信息难于在两个半球之间进行有效的传导。因此幼儿一侧大脑对另一侧大脑所感受到的内容及活动往往无法完全了解。（请参见杨雄里院士在教育部组织的"科学教育"总课题南京开题会上的讲话）所以，10岁以前的儿童，能够搜集和储存在大脑中的说话与习作的素材往往只是一些支离破碎的片断。再加上这个时期儿童的识字量和书写的能力都存在着明显的不足，此时的儿童说和写的能力非常有限，特别是写的能力就更差一点。故而，简单地把会说等同于会写是一相情愿的事。面对客观实际，一方面要求我们重点加强写字和写话的训练，"抓差补缺"；另一方面也告诉我们不能犯"急躁病"，不能过早、过高地对小学生的"习作"提出不切实际的要求。

从构思、表达、理解的角度来看，写出来让人家看得懂，也要比说出来让人家听得懂困难得多

我们知道，无论是说话，还是写作大都需要构思。构思时往往使用的是内部言语，而内部言语是多维的、不连贯的、直觉的、稍纵即逝的。开始构思的时候，伴随表达意图的形成，大脑中首先浮现的是那些能与表达意图相匹配的、由内部言语勾画出来的图像。这些图像可能是事件，可能是场景，也可能是具体的事物，还可能是事物与事物之间的关系。要表达了，用嘴去说的时候，人们靠的是行为、表情、手势、词语的共同发挥作用来表达自己的意思。而听话的人呢，也往往是通过以上这些表象多渠道地搜集与获得信息，并凭借着自己的经验来理解说话人所要表达的意思。但是，到了使用文字进行交流的时候，原本可帮助说话的行为、表情、手势，如果没有专门的交代，这些辅助手段也就不复存在了，原来立体的信息传递就只能靠单向的、线性的文字符号编码串来承担了。所以，"写"自然要比"说"来得困难。

综合以上三条，可以得出这样的结论："写"要比"说"来得复

杂、艰巨，写作的真本领是在一定的时机，在科学方法的引导下，在"写"的实践中实现的，习作是纸上练兵的事。

针对小学生的习作教学，我们在坚持纸上练兵这一大原则的前提下，要特别关注以下几点：

1. 加强手脑并用的写话练习，为习作奠定基础

陶行知先生说过："动手又动脑，才能有创造。"其实，人之初，就是靠手脑相互作用进化发展起来的。生理学与神经科学的有关研究证明：人在动手操作的过程中，肌肉和关节是以最直接的方式参与运动的；感觉器官和神经系统则担负着随时监视运动的职能，而大脑呢，不但要参与行为发动时的决策，而且要综合由神经系统传入的动态的反馈信息，并根据自己的知识和经验对这些反馈信息进行分析、判断、推理……再通过神经系统指挥肌肉和关节进行不断校正，从而使人的行为越来越合乎规范，越来越准确、精细。因此，要想做到"得心应手"，只有通过大量的手脑并用的练习，才有可能形成快速反应的神经通道，为"我手写我口"奠定基础。

大家知道，任何一个较为复杂的系统都是按照一定的层次结构起来的，语言系统也不例外。语言的最小意义单位词就是由词素组成的，然后再由词组成句子，组成句群，组成章节，乃至整部作品。这其中，词通常标志的是和其他对象分离开的、处于孤立状态中的对象。可是一旦由词组成了句子，情况就大不相同了。句子中的词所标示的是处于联系、运动之中的对象，而整个句子呢，描述的是某一对象和其他对象之间的相互关系、相互作用的。如"汽车"这个词，它原来标示的只是一个孤立、静止的对象。但如果将"汽车"组织到"这辆汽车是我们自己制造的"这句话中，"汽车"和"我们"就联系起来了。汽车不仅是人的制造物，同时也参与了表达"我们制造了这辆汽车"这件事。句子中的"汽车"在意义和内容上都比单独使用时丰富得多。在现实世界中，任何对象都不是孤立、静止存在的，都处于普遍联系与相互作

用之中，而这种相互作用的普遍联系，在一定的时空区间便构成了某一完整"事件"。一般说来，事件通常包容着若干对象及对象的状态、运动和属性等，因此，有学者断言，任何真正的语言，都是以句子作为其成熟标志的，或者说，只有达到了句子水平的语言，才是真正的语言。因为只有通过句子，才能完整地表达出人们所把握的对象的整个过程，才能较为完整地表达出人的思想。动物语言之所以不能和人的语言相提并论，很重要的一条就是它们的"语言"没有达到"句子"的水平。因此，要让小学生的语言得到进一步的发展，尤其是提高书面语言能力，基础就是由词组句能力的培养。

荀子曰："千里之行，始于足下。"那么，写话之"足"应该从哪里起步呢？一句话，从把握句子的基本结构入手。正如以上所分析的那样，在一般的句子中，至少由两个或两个以上的词组成。比如"马吃草"这句话，既要有"马"，又要有"草"，缺一不可。但仅有表示相互作用双方的词（主要是"名词"或代词）还不能表明他们之间进行什么样的相互联系和作用，所以，这两者之间还必须嵌入一个表示联系和作用的"系词"。除特定的省略句之外，一般都以"动词"做谓语。这就是为什么有人将句子定义为"以谓语的存在为特征的句法单位"的原因之所在。句子之中的"名词"，居于相互作用主动地位的"施动者"，被人称作"主语"，处于被动地位的"受动者"则被称为"宾语"。所以一般句子的基本结构是主语—谓语—宾语。有学者认为："所有人类语言中的句子结构无非是这样三种主要的形式：SVO（主动宾）、SOV（主宾动）和VSO（动主宾）。"我们可以这样设想，当小学生能将心中的话语以基本句式写出来的时候，最基本的习作本领也就具备了。应该说，写话是一个能让学生们施展创造才能，纸上练兵的"大舞台"。

2. 把握好写话与习作的关键时机，该出手时就出手

这里所说的"关键时机"，一是指开始"写话"的年级，二是指

"写话"和"习作"动笔的火候。开始写话的年级自然是尽早为好。但这并不意味着无限制的提前。根据儿童生理、心理以及知识技能的成长进程，一般安排在孩子们对句子的认识已经有了一定的积累，已经拥有了一定的识字量和动笔写字的基本能力之后为宜。再者，开始阶段的写话练习，要求一定不能太高，应该是最基础、最简单的练习。只要孩子们愿意写，而且能大致表达自己想要表达的意思也就可以了。一句话，只要他们能将心里的话在纸上演练一番就为好，至于威武雄壮、赏心悦目那是今后的发展方向。

谈到"写话"和"习作"动笔的时机，我们首先要树立为需要而表达和交流的理念。意思是说，写话与习作时，我们要创设一个宽松和谐的用笔交流的氛围，并通过有效的组织和引导，把原来的"要我写"转化为如今的"我要写"，充分调动学生写话与习作的积极性和自信心。

其次，我们要在学生们进入眼睛发亮、不吐不快的状态时，尽量排除对学生的干扰，放开手脚让学生在纸上练兵。学生所写的草稿哪怕是东一句、西一句，不是那么完整，不是那么有条理，那也没有关系，回头再作调整、修改就是了。我们说，当学生使用内部言语进行构思的时候，头脑中出现的往往是稍纵即逝的思维火花，在这一当口，哪怕是很小的一点外界干扰，都很有可能让已经浮现出来的"话语"发生转移，所以，我们一定要尽量减少这样或那样的规定，让他们自由地、迅捷地在纸上留下思维的痕迹。用一句流行的话说，就是"该出手时就出手"。

在这方面，我们是有过教训的。有一位老师曾经以"这张照片背后的故事"为题上过一节习作课。开始的时候，学生手拿着自己带来的照片，每一个学生都能说上一大串有关照片背后的故事。要写作了，老师对学生说："待会儿起草时，大家一定要写清楚这个故事发生的时间、地点、人物、起因、经过、结果。"如此这般规定下达之后，学生刚才拥有的写作冲动骤然消失得荡然无存，剩下的依然是口咬笔头，长吁短叹。大量事实证明了这样一点：习作能否成功的关键，重要的是有表达欲望、有积极构思、恰逢其时的纸上练兵。

3. 关注反复修改的过程，认认真真地在纸上排兵布阵

有人说，"好文章是改出来的"，这话一点也不假。按照《语文课程标准》的要求，学生的习作要做到以下三条：一是"具体明确"；二是"文从字顺"；三是会"运用常见的表达方式"。一句话，就是要看自己写出来的文章能不能表达自己的意思，自己或别人能不能看得懂、读得顺。如果看不懂、读不顺，那就要改一改。所谓改一改，其实这就好像是在纸上"排兵布阵"，最终是要使每一个词语、句子、段落、篇章各得其所，都能最大限度地发挥表情达意的功能。

怎么改？老师们创造了"读一读、改一改"分步实施的方法。这种方法的第一步是以自读的方式去发现自己文章的毛病或需要完善的地方，然后动手去删节、调整、添加……直至满意为止。有学者曾经告诉我们：学会在读中修改的本领是非常重要的，因为字句上的有些好处和毛病是读得出，却看不出来的。对于初学写作的人，这项功夫的修炼尤为必要。鲁迅先生说过，他写好一篇文章之后，总要反复读上好几遍，"自己觉得拗口的，就增删几个字，一定要它读得顺口"。可以说，要想使句子顺口，词儿通达，必须再三默诵，反复修改，才能使文章的气势强弱合度，缓急适宜。这种方法的第二步是与同学交换着读，商量着改。这种方法的第三步是"发表"出去，在更大范围内让别人读，并根据反馈意见再行修改。不管是哪一种修改方法，首先是发现毛病或不妥，然后是在纸上不断地重组，从而更加确切地表达自己所要表达的意思。这其中的关键依然是要落实到纸上，依然是要纸上练兵。

以上所说的方方面面，其实用一句话就可以概括——习作就是要纸上练兵。俗话说得好："光说不练那是假把式，又说又练那才能出真功夫。"

12. 创造性地开展习作实践活动

董耀红

教师该怎样创造性地开展内容各异、形式多样的习作实践活动呢？

抓住生活中言语交际的机会进行说、写训练

1. 抓住学校生活素材的契机

学生在学校生活的时间比在家里待的时间还要多，师生们在一起上课，一起活动，一起玩耍，一起探讨，互相交流着生活上、学习上的种种见闻、体验和感受。丰富多彩的学校生活为学生提供了大量的言语交际的机会和写作的内容。

在以"我的发现"为主题的班会上，我带头谈起了我的发现：

星期三的上午，我在走廊的墙上发现了一只黑糊糊的脚印。奇怪，走路怎么会走到墙上去呢？难道是天外来客？这时，我又发现，有一位胖胖的小男孩找来一块抹布，轻轻地擦去了那脚印。墙上又整洁如初了。我问他："你怎么要擦去这脚印？"他说："我觉得太难看了。"同学们，你们想知道他是谁吗？他就是我们班上的劳动委员方超同学。现在请大家用掌声表达对方超同学的感谢！

这段话引导学生把注意力放在对美的品质的学习上，使学生都感受到：如果我做了一件好事，就会受到老师和同学们的表扬，就会得到由衷的快乐。这种快乐的情感会逐渐唤起一个人追求美德的内驱力。除此以外，我还运用了悬念、描述等语言技巧来表达这一段话，老师的语言最能潜移默化地熏陶着学生，启发着同学们去观察自己身边的人，发现同学身上的闪光点。同时，他们模仿着老师的语言，也纷纷谈起了自己的发现，有的也模仿老师的表达方法。

有一个同学的习作中这样写道："吴绵，你走了可不要忘记了我们，有时间回到我们这里来玩一玩。""吴绵，我希望你多吃饭，再不要挑食了，长胖一些。""吴绵，你养的那只小猫，我们都很喜欢，希望你过些时候再带到我们班来，让我们观察它，描写它。"原来是大家都喜欢的吴绵同学要转学了，大家都在依依不舍地与吴绵话别。我发现，同学之间就像亲兄妹一样，友好地相处了几年，友谊多么深厚呀！我今后会更珍惜这份同学情。

《与吴绵话别所想到的》、《有这么一个人》等习作就这样产生了。

"我昨天看到胡明（化名）和晏雨晴（化名）两个人为了一点小事竟然打了起来，晏雨晴不小心踩了胡明的脚，胡明就大骂起来，两个人吵着吵着，竟打起来了。我觉得这样互不相让多不好呀！"

"那么，如果让你来处理这件事，你会怎样处理呢?"我因势利导道。

"我会先调查这件事的来龙去脉，问清楚是谁先动口骂人，谁先动手打人的。"同学道。

"我还会了解一下他们两人关系怎么样，是不是以前常常闹矛盾，我要帮助他们认识到'退一步海阔天空'的道理。在茫茫人海中，我们能在一起做同学就是我们的缘分，我们要珍惜这份友谊。"

会后，有的同学写出了《退一步海阔天空》和《缘分》。

……

就这样，师生都养成了关注校园生活，谈论校园生活，描写校园生活的习惯，丰富多彩的校园生活为学生提供了大量的言语交际和写作的素材。

2. 抓住家庭生活素材的契机

家人和亲属的音容笑貌、性格特征、精神风貌、工作和处世态度等，是学生最为熟悉的。在他们的笔下，往往能把这样叙事和记人的文章写得极富感染力。

蔡艳（化名）同学父母离异，父亲又下岗，就靠爷爷奶奶的退休金生活。父亲下岗不失志，摆个修车摊养育老小。父亲的生活态度和锲而不舍的精神深深地打动着她，影响着她。她经常和父亲交谈，一个平凡劳动者的朴实和勤劳深深地打动着她，令她敬佩。她写的《含泪的笑》这篇文章，获得全市"楚才杯"作文竞赛一等奖。

陈霞（化名）从小在姥姥身边长大。依偎在姥姥怀里看着天空，和姥姥一起数星星，听姥姥讲具有传统美德的优美的童话故事，是她永远难以忘怀的温馨；亲眼看到姥姥对待田里的庄稼像对待自己的宝贝一样精心侍弄，交谈着土地、庄稼是农民的命根子，农民对土地的热爱在她小小的心田里打下了深深的烙印。《姥姥的宝贝》这篇文章散发着浓郁、清新的泥土味，令人惊讶与喜悦。

学生的喜怒哀乐深受家庭生活的影响，从作文中我们了解到他们的情感、态度、价值观的取向，更可以因势利导，循循善诱，使学生更热爱生活，更热爱我们的家园。

3. 抓住社会生活素材的契机

社会是个大课堂，学生对于社会生活有着自己独特的体验与看法，这些言语交际和习作的契机，都是非学校生活所能及的。为了培养学生养成观察社会、独立思考的良好习惯，我们在实践中实现着"语文课堂应该是开放而有活力的课堂"的精神，使学生不断加深对社会的认识，他们在自己的习作中关注社会，内容也更丰富多彩起来。

泛滥的洪水，冲垮了堤岸，淹没了村庄，人民的生命、财产遭受到巨大的损失。党和国家领导人亲临抗洪前线，指挥抢险救灾；英勇的解放军战士日日夜夜与洪水搏斗。我们及时召开"为灾区人民献爱心"的捐衣捐物活动，同学们挥笔写下《洪水无情人有情》。

帮助孤寡老人，到社区福利院去做清洁，为老人梳头发、捶背、演节目，我们相互合作，交流感受，写下《爷爷奶奶，你们不孤独》。

脏、乱、差的社区变成整洁、美观、雅致的家园，发生着巨大的变化；"麻木"和占道经营摊点的整治，市民素质的不断提高……同学们看在眼里，喜在心头，《变》一文中洋溢着掩不住的喜悦。

王志同学在做"小记者"参观和采访军营活动时，主动抓住机会，采访当代军人："你们的被子怎么能叠得像豆腐块呢？不这样严格行吗？""你们现在在部队里主要是学些什么？这些学习对战士们有些什么样的帮助？""你们吃这么多的苦，每天还要训练，心里是怎样想的？"既了解了战士们，又锻炼了自己的口语交际能力，还写出了采访报告《我和解放军叔叔面对面》。

要引导学生"睁大眼睛看社会"，视角广一些，深一些，如商厦的开张、柏油马路的铺建、下岗人失业不失志、旧城区的重建、战胜"非典"等，甚至于宇航员飞天、伊拉克战争等，都可以成为孩子们笔下生动的写作素材。

培养学生观察社会，写下所见所闻所感，始终是培养学生"观察思考、自由地有创意地表达"的不可缺少的手段和途径。

活动的、开放的课堂更有利于进行说、写训练

活动是学生探究问题的学习过程，是个性化的，也是合作交往的；是认知情感的，也是实践可操作的，同时还是他们体验和感受最深的。实践证明，孩子们在活动中的想象力、创造力、言语交际能力、作文能力会得到最大限度的发挥。

举一个例子：

三年级的学生正处在学习写作的起步阶段，他们很怕作文，还没写就已被正襟危坐的"写作"吓倒，不知从何下笔。为了调动起学生的积极性，让他们感到写作原来是一件轻松愉快的事。我们开展了每个人都试着"编童话，说童话，演童话，写童话"的说、写活动，收到了很好的效果。

编童话，使学生想象力和创造力得到了发挥。不论是什么样语言基础的学生，都是喜欢听故事和讲故事的孩子，他们都兴趣盎然，发挥着自己最丰富的想象力和创造力，创作出完整的故事来。因为没有内容和程式上的限制，大家无拘无束，任想象的翅膀翱翔。大家编出来的故事充满了童趣，有的还言之有物，言之有序。要注意的是，老师在指导中要引导学生有真情实感，以生活为基础，而不是毫无根据地胡编乱造。这一环节是孩子们独立自主的创作过程。

讲童话，使孩子们的口头表达能力得到了最大的锻炼与发挥。这一环节则需要大家到小组里或者到大会上去讲童话给小伙伴们听，要求学生朝着"声音响亮，落落大方，口齿清楚，抑扬顿挫，绘声绘色"的方向努力。对于讲自己的作品，大家是迫不及待、跃跃欲试的，他们心里充满了自信，格外有精神。这时，大伙儿互相评价的热情也很高，既对故事的编写是否合乎情理、用词用语以及条理顺序是否得当进行评价，又对表现者的气质进行评价，互相帮助，相互合作，取长补短，共同提高。

演童话，更使孩子们的个性得到充分张扬。我们把课堂移到了操场上，同学们相互合作，故事中的各种角色被他们以神态、动作、语言和有关心理活动的独白等诠释得入木三分，惟妙惟肖。因为是演自己的作品，他们更有着自己的体验与感受，演了一个又一个，乐此不疲，互动氛围热烈。

讲童话、演童话给孩子们的言语交际能力提供了极好的锻炼机会，使他们的口头表达能力、口语交际能力得到很大的提高。

写童话。这时，再让孩子们把这些故事有选择地写下来，已是水到渠成的事。大家不再愁没东西写，不再愁不知道从何下笔，多的是可写的素材，需要的是整理、充实和突出自己的感受了。我们高兴地看到，在不经意中，大家已把自己对生活的情感、态度和价值观很自然地糅合在故事中。

开开心心，无拘无束中，大家已走上了习作之路。看着自己的一篇篇作品，看着小组同学之间合作编写的《童话集》，同学们笑了：原来，作文一点也不难呀！在这一系列活动之后，大家再写别的文章，也有了一点写作的基本功了。

还有诸如"新闻联播"、"剪报擂台赛"、"小报俱乐部"、"口头作文接力赛"、"我当小辩手"、"畅想2008"、"社会用字规范调查"（其他社会调查）等各种各样的活动使学生在玩乐中，在走向社会中，学习说和写，作文水平渐入佳境。

活动的体验是学生直接参与带来的成功感受，是真切的，深刻的。而交流与合作又使学生在情感上支持和互动，认知上相互启发和生成，把这种体验与感悟写下来，自然又愉悦。

多开展活动吧，在活动中训练孩子们的说、写能力吧，因为这种学习方式他们最喜欢。

抓住读写结合的机会进行说、写训练

作文教学要与阅读教学密切结合，写作的基本规律要在阅读中悟出来，读写结合始终都是作文训练的主要途径。叶圣陶先生说得好："阅读得其方，写作能力也随之增长。"

学好语文总是要多读多写的，没有其他的捷径好走。阅读和写作的共同点都一样。从语言文字上来说，读，要把每个词句理解清楚；写，要把每个词句写准确。从文章内容来说，读，要理解好文章的具体内容；写，要把文章的内容表达具体。从文章的感情来说，读，要体会出文章的思想感情；写，也要表达出文章的思想感情。所以，首先要利用好语文教材，从遣词造句、构段方式、谋篇布局、开头结尾、表达手法等方面引导学生去注意，去欣赏，去受其熏陶。有这个意识和没有这个意识是大不一样的。这与生搬硬套的老八股和强行灌输是两码事。

学生的表达能力不行，主要还是读书少的缘故。读好教科书之外，还要多读课外书。一个人语文素养的形成，二分得益于语文教科书及语文课，八分得益于课外大量的阅读。开展"介绍一本好书"的读书会，交流"读书心得花絮"的交流会，建立语言欣赏、积累的"采蜜本"，描写读书感受和身边人和事的"酿蜜本"，观察、搜集素材的"生活小浪花"……都是必不可少的读书活动内容。而"读写借鉴"、"读写补充"、"古诗译文"都引导着学生把写作的视角和感悟与阅读结合起来。

读写结合要早起步，一年级就可以"说写同步"，仿写一句完整清楚的话。中年级学习仿写连句成段及各种构段方式，通过读中学写达到语句通顺连贯，有条理，能按一定的顺序把句和句、节和节连起来。高年级学习表达文章要有个主要的意思，有中心，有条理，有一定的详略。还可以学习人物及环境、场面的细节描写，各种开头和结尾的方法。

对于学生的创新或从课外阅读中学到的写作方法的运用，要大加赞赏与鼓励。当孩子们掌握了一点写作方法时，还可以让学生上台当老师讲课或讲评作文。在老师的点拨下，调动他们的积极性，使他们发挥"小主人"的作用，听"小老师"的讲述或评析也是同学们的开心事。

培养写日记、写随笔的良好习惯进行说、写训练

日记、随笔是学生心灵的独白，是学生真情的流露。当写日记、写随笔成为学生情感宣泄的需要时，它们就成了学生的一种精神需求，一种良好的习惯。

可以引导学生写观察日记、学习日记、实验日记、剪贴或绘图附文

日记、气象日记、读后感日记、活动日记、思考日记、信息新闻日记
等。去年八月，联合国教科文组织亚太委员会向整个亚太地区的儿童征
集作品，作品要求孩子们从生活中选择一个侧面，用日记的方法、绘画
的形式表现出来。这样一个新颖的图文结合的方法受到儿童们的欢迎，
他们联系身边生活，发挥丰富的想象力和创造力，饶有兴致地画图或剪
贴图，写出了一篇篇充满童趣的好日记。

我班有一位家长为了培养孩子写日记的兴趣，从"说日记"入手，
每天引导孩子观察周围的人和事，指导孩子说出看到的、听到的、想到
的事情，周围的环境，游玩中看到的景致，自己的想象。要求言之有
序、言之有物地说话。就这样，先坚持不懈地训练说，渐渐过渡到写，
并辅之以各种激励手段。这个孩子的写作水平明显高于别的同学，这次
在全市的"楚才杯"作文竞赛中获二等奖。这种由"说日记"到写日
记的做法家长们可以借鉴。

写日记应是一种习惯，是无拘无束、自由自在地表达心声，是用笔
在说话，不是刻意地做大文章。鸟鱼花草，家长里短，都可"随"笔，
可长可短。这种状态轻松而愉悦，老师不必有太多的干涉与限制，要引
导的是，日记应有现象之外的更多的思索、感慨，要言为心声。

还需要作文的指导吗

还是需要作文指导的，这是毋庸置疑的。《课程标准》要求我们指
导学生"能具体明确、文从字顺地表述自己的意思。能根据日常生活
需要，运用常见的表达方式写作"。

"具体明确"就包含"围绕着一个主要意思写"和"言之有物"
的要求，切忌"空洞没内容"、"脚踩西瓜皮，滑到哪算哪"；"文从字
顺"就包含着"言之有序"的要求，语句的流畅，句与句之间、段与
段之间的连贯要如行云流水一般，切忌语病的出现和"东一榔头，西
一棒子"的支离破碎；"运用常见的表达方式"就包括叙述、描写、抒

情、议论等常见的表达方式以及各种句式、各种修辞手法的尝试。如此看来，提倡不拘一格地写"放胆文"、"自由文"、"想象文"，与一步一个脚印、扎扎实实地进行写作基本功的训练是并不矛盾的。恰当的作文指导怎么不需要呢？

学生学习语言是一个艰巨的过程，绝不可能一蹴而就。无论是优秀的学生，还是学习有困难的学生，交上来的习作往往存在着各种各样的问题：有的是内容空洞不具体，"蜻蜓点水"；有的是不能围绕着一个意思写，"散珠满地"；有的是不知如何表达自己的情感，只是干巴巴的叙述，不善于对环境、人物进行细节描写，人物难于"活灵活现"；有的甚至是语言不顺、文理不通、乱用标点的"言不达意"……在孩子们学习写作阶段，是要花大气力训练学生的。不过这指导不仅是老师的指导，还可以是学习伙伴的相互指导。我们起码要做到：

①教师应是语言的医生，善于捕捉学生作文中的语病，又善于鼓励和安慰学生。

②教师能身先士卒，善于写"下水文"。

③每一次作文不要忘记师生之间、生生之间合作的作文讲评。

④有计划地、分期分批地与学生坐在一起，面批作文。

⑤常运用展示同一个内容的两种写法（成功的和失败的）进行比较的方法，这样学生最容易茅塞顿开。

⑥培养学生一定养成写完作文后，"念，念"、"再念，再念，再念"的修改作文的好习惯。

13. 小学作文的范式与创新

张云鹰

范式是作文教学的基础

这里所说的范式，简言之就是作文的一个示范性样板、文章思路和框架结构。人们往往很不情愿提及作文教学范式，似乎只有让学生"天马行空"，自由发挥，才是作文教学的正道，否则就是保守的、封闭的、危害学生心智发展的，是与新课程理念相悖的。其实，这是对作文与作文教学关系的一种片面理解。没有规矩不成方圆，文章有范式，教学有常规，问题在于我们如何认识和运用范式，进而把范式与创新紧密地联系在一起，渗透在教学过程中。那么小学作文的范式教学对于作文创新有哪些意义呢？

1. 引导入门

小学生特别是低年级学生对作文知识还一无所知的时候，我们必须从现成的范式出发教给他们基本的作文知识，这个范式就是课文。我国的语文课本基本上是由各种体例的优秀范文组成的，学生通过学习各种体例的范文，认识文体，认识各种文体的表达方式和基本手段。首先从作文的题目知道应该采用哪种体例，要表达一个什么主题，主题的内在层次是什么；应该根据主题怎样收集、处理素材或数据，以及怎样把话说通顺；怎样一步一步地把内容写清楚、写具体，怎样分自然段表述，怎样打标点符号等等。到了高年级，学生通过对范式的进一步学习，可以懂得开头结尾、过渡照应，可以懂得歌颂、赞美、描写、抒情以及运用修辞表达等等。作文教学必须通过这些基本知识的教学，引导学生学习作文。

2. 积累经验

学生通过对课本范文的学习，接触多种多样的范式，了解更多的知识，掌握更丰富的写作方法和技巧，形成知识上的积累。通过社会生活实践、生活体验等等，认识更多事物，丰富人生体验和情感世界，从而为个后的创新奠定基础。比如，我们以人教版语文第七册教科书进行范式指导，让学生从课本范文的案例中学习怎样开头，积累作文开头的经验：

①用歇后语开头。"北京有句歇后语：'卢沟桥的狮子——数不清。'"（《卢沟桥的狮子》）

②交代事件发生的时间、地点等开头。"1952 年 10 月，上甘岭战役打响了……"（《黄继光》）

③强调事件发生的时间，并作为一个自然段来开头。"1963 年 11 月 18 日……"（《壮丽的青春》）

④用一句话总起开头。"北京的颐和园是个美丽的大公园。"（《颐和园》）

⑤用一个故事开头。"我小时候听奶奶讲，西方有座昆仑山，山上有个瑶池，那是天上的神仙住的地方……"（《五彩池》）

⑥点题开头。"我们村子前面的小山包，远远看去……石板小路的尽头，有一眼清泉，叫'珍珠泉'。"（《珍珠泉》）

⑦引用俗语开头。"钱塘江大潮，自古以来被称为天下奇观。"

（《观潮》）

⑧强调故事发生的地点，并作为一个自然段来开头。"故事发生在爱丁堡。"（《小珊迪》）

3. 认识基本原则

掌握基本知识和技巧，加上个性化的思维训练，作文的创新才有可能。学生对作文范式接触多了，运用多了，经验的积累就会多起来，就能发现其中的特点，把握基本原则。例如，学习了多种描写人物外貌特征的范式后，就会发现里面万变不离其宗的规律——抓住个性特征，突出人物特点；学习多种文章结尾的范式后，就会认识到文章的结尾应如豹尾短小有力，又如咀嚼甘草回味无穷。学生一旦把握了原则，就可以驾轻就熟，运用自如。反过来看，如果学生脑子里没有范式或者范式甚少，就不可能发现和认识基本规则，而只能在表层摆游戏、做文章，创新就永远是句空话。

从范式到创新

我们说创新是范式的发展，这是因为范式学习的最终目标就是创新。以培养学生创新能力为目标的作文范式教学，就是要让学生通过已有范式的学习，把学过的知识灵活地加以整合、变迁，进行创造性的运用，创造出新的作文形式和内容。

1. 学习范式，增长知识

指导学生学习范式的基本原则有：①易学的原则。所学的范式应该是较为常见和简单的，是学生容易认识、理解的。如前面讲到的文章开头的范式。②实用的原则。在现阶段学生能够用得上，能实现教学目标的基本要求。例如，低年级就不应教什么"重点突出，详略得当"；整个小学阶段的习作训练是以记叙文为主的，就不宜以议论文作为范式。

③渐进的原则。所教范式应合乎小学生的身心特点和认知规律，由简单到复杂，由浅显到深入，由部分到整体，由单一到综合。④侧重的原则。范式的学习还应注意学习问题。比如学习用对话开头的范式，就是要侧重解决学生只会用平铺直叙的方式开头的问题，使之大胆地改变对文章开头形式的刻板认识。

其次，要引导学生多途径学习范式。一是从课文中学。现行教材遴选的阅读文本大多是经典之作，有许多典型的作文范式。例如，可以从《白杨》中学习借物喻人，从《落花生》中学习借物寓意，从《美丽的小兴安岭》中学习"总、分、总"的描写方法，从《再见了，亲人》中学习用第二人称表达，等等。二是从老师的"下水文"中学。小学生爱模仿的天性和对老师的崇拜，决定了他们对从老师的"下水文"中习得作文范式有着较强的积极性。三是从课外阅读中学。这是扩大和提高学生作文范式积累的有效途径。四是从生活中学，如谈话、听报告、看电视等等。从中观察、体验、认识现实生活中的人们是怎样表达的，如能真实记录下来，也可以从中学到许多书本上没有的知识。

2. 运用范式，学习写作

要使学生把所学的范式恰当地运用到作文活动中，就要让学生知道所学的每个范式的优点和不足，以及运用时应注意的问题。为了达到这一目的，我们不必拘泥于方法，要以多种手段进行指导，比如对比分析、小组讨论、集体争辩等。世界著名发展心理学家霍华德·加德纳教授创建的多元智能理论认为，"每个学生都是潜在的天才"、"每个学生都是不同的、有差异的，应该注意发现和发挥学生的智能强项"。所以，我们在指导学生运用作文范式时，可以采取分类教学、分层指导的策略，以达到既定的学习目标。

另外，我们还应及时经常地帮助学生复习巩固。学习一篇课文，最好是让学生先复述，在复述的基础上讲讲该课文作为一篇范文的写法，透过课文的表面内容学习它的表达方式与技巧。口述作文也是学习作文的一种好方法，要求每一个学生不要重复别人的，鼓励个性化表述。这样一方面可以促进学生互相学习，打开思路；另一方面也可以促进每一个学生的创造性思维。

3. 摆脱范式，积累经验

建构主义强调，教学要把学生现有的知识经验作为新知识的生长点，引导学生从原有的知识经验中"生长"出新的知识经验。因此，当学生形成了能够比较恰当地运用模式的能力后，我们就要把培养学生的创造性思维能力作为重点来抓，使学生从掌握学习的方法上升到掌握解决问题的策略，使学生的作文技能从单一到复合，再到协调和自动化。由此，"范式"这一学生作文的"最近发展区"，就会不断地转化为现实的发展，并创造更大的发展可能；学生也就会完成由得心应手运用范式到逐渐摆脱范式的飞跃，写出具有创新水平的文章来。

14. 超越作文看作文

张爱民

　　作文教学中，过分囿于对作文的表层认知——只关注学生写作技巧和文字表达能力的训练，由来已久了。绝大多数教师压根儿没把学生的作文当作向人倾诉、与人交流的重要形式，而是单纯地把其看作语文能力的一种测试。于是，他们拼命地要求学生在写作技巧上下工夫。比如写一条路，学生会条件反射似的想"以小见大"，以路的变化体现社会的进步和人民生活的改善；写一个人物，学生常用的方法是"反衬对比、烘托提升"，毫无顾忌地贬低某一个人，从而突出需歌颂的人的高尚品德……与此同时，不少语文老师认为，阅读是为写作服务的，并且坚信读哪类文章、读哪些优美句子，就为写哪类文章、写哪些句子服务，就像"吃什么、补什么"的传统饮食观一样。于是，他们无休止地让学生死记硬背一些优美句子、经典篇章，而忽视了作文与生俱来的潜在内涵，将学生作文引入歧途。

　　随着人们对作文本质认识的不断清晰，时代赋予了学生作文更新、更透、更深的内涵——作文不仅仅是传承文化的载体，更是表情达意、展示学生多重能力的重要工具。依照我国流传下来的古典名训"功夫在诗外"、"功夫在字外"的理念，学生作文也应该超越作文看作文，

"功夫在文外"、"能力在文外"。那么，如何关注学生文外的能力呢？笔者以为可在如下方面作些探讨。

关注科技能力，为提升素养服务

《语文课程标准》开篇第一句话是这样阐述的："现代社会要求公民具备良好的人文素养和科学素养……"由此，提升学生的科学素养，增强学生的科技能力，"造就现代社会所需的一代新人"，是语文教学的首要任务。作文教学是语文教学的一个重要组成部分，让作文教学与提升学生科学素养紧紧连在一起，不仅能很好地落实这一任务，而且能促进学生的观察能力、实践能力、写作能力等向纵深发展，更为重要的是，可以为激发学生向科学领域进军的意识埋下种子。

我校地处江苏泰兴城区中心地段，在旧城改造的过程中，城管部门特地为学校留下一块空地，用于科农教育。另外，我班上有几位学生的爷爷奶奶对种菜、种花挺在行。根据这一课程资源，我确定了"我是种植小能手"的主题活动。通过种植前的一系列准备活动，如参观农场等，激发学生的种植兴趣，让他们搜集有关蔬菜、花草方面的资料，丰富种植知识；聘请爷爷奶奶们讲解种植要领，使学生掌握种植、管理技巧。而后，便让学生动手实践，挖地、种菜、种花、浇水、拔草、施肥，精心照料，认真记录、总结，并写种植日记。学生经过一段时间的辛勤劳动，田间作物、学生的写作水平和科学素养等都获得了"丰收"。

请看两位学生的作品：

> 为了让我的菜长得更好，我想弄点肥料，可一时又弄不到，便采取真正的"人工"施肥。我对着我的萝卜细苗撒了一泡尿。然而过了一会儿，我发现那小小的嫩苗竟枯黄了一点。回到家中我问奶奶，奶奶说是我的尿把它给"烧"死了。"为什么会烧死，尿又不是火？"我疑惑地问。奶奶说："因为刚撒的尿是热的，且尿素

含量高，菜受不了，就枯黄了。"真没想到，事物之间的联系竟这么有趣、复杂。(《"人工"施肥》)

今天我又在菜地旁边开垦出一小片地。在挖地时，我发现靠墙角的地方有一个蚂蚁窝。窝还挺规范，竟有许多个小室，一个室里放了粮食，另一个室里有许多蚂蚁卵。我十分好奇，回家后查阅《十万个为什么》，从中进一步了解蚂蚁的知识。(《意外发现的蚂蚁窝》)

从上述文章中，我们不仅能捕捉到学生劳动时的愉悦心境，成功后的快乐感受，更能感知到学生在种植过程中掌握科学知识的能力在不断提高。丰富的劳动体验，充实了学生的写作素材，丰富了学生的表达言语；多姿多彩的田间耕作，增强了学生的劳动本领，奠定了学生的科学素养。这一举多得的作文方式远比纯技巧演练要好得多。

关注生存能力，为社会生活服务

生活为作文提供素材，作文应该准确、真实地记录生活，这是一条被证实了的真理。但笔者以为，作文还应该是创造生活、改造生活的有力武器。学生通过在生活中实践、体验，势必会发现一些与社会要求不相符合的问题，将这些问题通过作文的形式举证出来，不仅能提高学生的作文能力，更能强化学生的生存意识，提高生存技能。

上学期，笔者执教六年级。期末毕业验收考试，拟了这样一道作文试题：就目前我市实施"创建省级文明城市"活动中的有关问题，写一篇调查报告。要求主题明确而集中，材料充足而有说服力，语言简练而生动。

在撰写报告前的调查中，学生自愿组合成多个小组进行实地考察、调研。如交通巡视小组着力调查：①二轮摩托车主是否具备驾驶证、行驶证，驾驶人是否佩戴安全帽；②残疾人营运车是否具备相应的营运证

件，是否在未经允许地段拉客、载客，乘客人身安全是否有保障；③出租车主是否按规定的路线行车，是否文明驾车；④行人、车辆有无乱闯红灯现象；⑤流动地摊有无占道经营、影响交通的现象；等等。环保小卫士调查：①工厂有无污染现象，排放的废水、废气量等是否符合国家规定的标准；②市区有无卫生死角，是否落实了相应的整改措施；③了解环保工人的福利待遇、生活状况……

通过这样的调查，各小组发现了许多问题，如交通巡视小组就形成了这样一篇调查报告："大庆路与鼓楼北路为市区主要干道，每天人流如潮。可近来由于茶花池市场的重建，大批菜贩子每天一大早便汇集到两路交叉处乱设摊点，使得本来不太宽阔的马路变得拥挤不堪，行人、车辆经过此处都得绕道，交通事故时有发生。8 点过后，交警开始值勤，这些小商贩们又都'无奈地'分散而去，地面上，菜叶、鱼内脏、污水等到处都是。为此，我组建议将交警上班时间前移，环卫工人及时打扫，市场管理部门尽可能腾出空地，将菜贩们纳入到规定地点经营……"学生此调查报告呈送给市相关职能部门后，很快，这种"脏、乱、差"现象得到了遏制。

这样的作文形式不仅提高了"写"的能力，更强化了"写"之外的社会生存能力。

关注心育能力，为健康成长服务

"生活是作文永不枯竭的源泉"，这是一句至理名言。然而，长期以来，人们在贯彻、诠释这一名言时，却忽略了潜藏在生活背后看不见摸不着的学生心理。穿透生活层面，学生的内心世界也是作文可开掘的写作资源，而且，依据学生心理写作，更具有疏导心理、宣泄情感、自我放松等多种功能。

1. 抒写心中的"不满"

小学生年龄虽小，但却是以活生生的生命个体存在的。只要有生命就会有思想，就会有爱、恨、悲、欢，心里就会有许多不满。其中很大一部分是针对父母或老师的，不便当面说出，这些不满便会久久埋藏在心底。这些窝在心里的话想说又不敢说，不说又憋得慌，一旦倾泻出来，会觉得浑身轻松；另一方面也能培养学生独立思考的能力。如：一学生的《喜欢与不喜欢》的开头：

> 人人都有自己的喜欢与不喜欢。我喜欢央视《实话实说》栏目那个一脸坏笑的主持人崔永元，他在电视上一露脸，我就像在喝"可乐"；我不喜欢上班会课，一上班会，我就说："老师，我要上厕所！"

从这段描述中可以看出该学生对班会课确实存在着不满，说的是真话、实话、掏心窝的话，是从心底进射出来的声音。可喜的是，班主任老师看后进行了自我反省，逐渐改进了教法。

2. 倾诉成长中的"困惑"

小学生正处于"多事之秋"的年龄段，他们好想、会想、乐想，对一切都充满好奇心，但成长中常会碰到一些困惑。这些困惑有的随着时间的推延会迎刃而解，但也有的久久缠绕在他们的心头，甚至搅得他们茶不思、饭不香，郁结在心里，形成一种沉重的心理负担。其实，这是很正常的现象，根本不必压抑在心里，完全可以通过作文的形式将这些成长中的困惑表达出来，以便及时得到老师或家长的关心。如：一学生在作文《对称》中写道：

> 一次，老师让我们用"对称"说一说人体。同学们七嘴八舌说了很多。三年级的我站起来脱口而出：人的屁股是对称的，妈妈的乳房是对称的。同学们哄堂大笑，老师大惊失色。课后，老师找

来了我的家长，家长闻知我在课堂上"胡思乱想"、"胡言乱语"，就和老师齐心协力"教育"我。时间过去两年了，我一直在想：我究竟错在哪里？

从文中可以看出，这些困惑存贮在学生内心已很长时间了，一旦心门打开，畅所欲言，学生就会从毫无顾忌的叙述中找到舒畅和惬意。后来这篇文章被老师发现了，并被转送给家长。面对孩子强烈的发问，老师和家长都为当初的行为感到愧疚，向该生道了歉。学生也从中得到了自我宣泄、自我需要实现后的满足。如此直抒胸臆，不仅使内容逼真、情感真挚，更为疏导学生心理提供了方便之门。

3. 描摹生活中的"哀伤"

小学生好玩、好动，但过重的学业负担，往往限制了他们的自由，给他们稚嫩的心灵造成伤害，无奈与哀伤常常纠缠在他们心头。一位学生在《少年愁》一文中，利用解数学题的公式，向人们阐述了心中的"哀伤"：

自从上六年级以后，我们几乎成了永不停转的车轮。不信，请看我在假期间的几道数学题：

（1）已知：数学试卷3张，语文试卷2张，自然试卷1张，英语试卷2张。

求：是否能在当天眼皮打架之前做完？

解：不能。设完成一张数学卷需1小时，完成一张语文卷需1小时，完成一张自然卷需1小时，完成一张英语卷需1小时，则N＝1小时/张×（3张＋2张＋1张＋2张）＝8小时，24小时－8小时－餐、眠所耗时间……唉，所剩有几？而且还有……还有考试复习……唉！我好困！

批阅：你这样叫苦怎么行？没有几天就要考试了，再熬一熬吧！批阅者：妈妈。

答：妈妈说得对。我该努力复习，准备迎考，现在得振作精神，继续复习！

（2）已知：同学们邀请我去参加生日聚会。

求：我该不该去？

解：去。"年年岁岁花相似，岁岁年年人不同。"更何况，用不了多久，我们即将结束小学生活，各奔东西，以后相聚的机会就太少了。

批阅：不能去。现在面临重大考试，你怎么能去瞎疯？你要知道，现在抓紧时间，努力学习，以后才能轻松。批阅者：爸爸。

答：我终于大彻大悟，现在我抓紧时间，发奋努力，以后才能笑得自然，笑得坦荡。

这样的批阅是苦涩和无奈的，这样的答案是沉重和迷茫的。但不管怎样，我要对尝过和未尝过"少年愁"的"莘莘学子"说："少年要尝愁滋味，少年要懂愁滋味，少年不怕愁滋味，少年不畏愁滋味。"

透过上述文字，该生惆怅忧伤的模样栩栩如生。后来这篇文章被其父母看到了，父母逐渐改变了"管教"方式，还给该生一个自由成长的空间。应该说，上述作文方式远远超越了单纯的只注重写作技巧和文字表达的机械化的传统作文教学，实现了写作与心理自育、他育的双赢。

总之，关注作文之外的能力训练，超越作文看作文，是一个令人常思常新的话题。

15. 朝向真实内心的"虚构"

周益民

虚构等于编造、说假话吗？

虚构意味着不需要观察生活、体验生活吗？

在"小学生习作是否可以虚构"的问题背后，实质隐含着这样的担忧与忧虑。

我以为，阐述任何一种观点，首先应该回到事物的源头，回到事物本身。因此，我想借作家茹志鹃的话先对"虚构"作一番梳理：

> 什么是"虚构"？
>
> "假的事情，编造的故事，对不对呢？"
>
> 也对，也不对。说它对，因为虚构中的事情确实没有发生过。说它不对，因为这事情是可以发生的。（茹志鹃：《真情实感与虚构》）

"没有发生过"而"可以发生的"，茹志鹃的描述式定义也是人们通常对虚构的理解。写作是学生精神生活的组成部分，应是人格的一种历练。可以说，无论成人创作还是学生习作，"真"都应是其内核。"没有发生过"而又"是可以发生的"，其实是一种超越原始意义的艺术的真实，或者说，虚构是为了追求更高意义的真实。看似"假"的实际包蕴着合理的"真"的元素，我想，这应该是"虚构"的一个重要特征。从这个特征出发，我们可以很自然地推断，因为虚构的介入，文字的表现疆域得到了无限的拓展，精神的驰骋变得自由潇洒，身处方寸之地，心之舞台却不可丈量。

不过，茹志鹃似乎只是描述了虚构的一种形态。对于那些生活中永远不可能发生的"虚构"，其间还有"真"的存在吗？譬如，有位小学生幻想自己有了一支神笔，从此每天的作业变得轻松而快捷。这时，我们其实已经不该将评判的标准定位在"生活的可能"上，而要考量写作者的动机出发点与精神所寓。原来，小作者的"虚构"是针对每天繁重的作业生发的，拥有一支神笔是他内心深处的呼唤，是一种真实情绪的宣泄。其内在动机既是对现实的非自觉批判，又是主体精神的释放，因此也是"真"的。

为了讨论的推进，我们还须把握研究的语境。

这个问题中包含了这两个关键词："小学生"和"习作"，这其实也是我们进一步思考的两个视角，我们需要从小学儿童的特点和习作自身的规律这纵横两个坐标来考察。

儿童喜好幻想，他们的大脑最能天马行空。"孩子是可以敬服的，他常常想到星月以上的境界，想到地面下的情形，想到花卉的用处，想到昆虫的语言，他想飞上天空，他想潜入蚁穴。"（鲁迅）虚构正是顺应了儿童的这一心理特征，好比风儿帮孩子扇起想象的翼翅，让他们一吐为快，在"我要书写"的自我需求下实现习作水平的提升，达成"从动机走向目的"。这方面，特级教师滕昭蓉的"童话作文"实验为我们提供了宝贵的经验。

那么，虚构还需要观察与体验吗？

"虚构"还需一个条件，那就是在熟悉生活的基础上。没有这个条件，"虚构"就会变成假的，编造的。有了这个条件，"虚构"也就变成真的，写起来也就会有真情实感。（茹志鹃：《真情实感与虚构》）

小学生的习作启蒙是颇为讲究观察的，而虚构则总是跟想象联姻。

其实，想象是大脑改造旧表象、创造新形象的过程，它的诞生是有所依赖的。已有表象越丰富，想象之力就越饱满。学生对于"神笔"的幻想就是建筑在对繁复作业的切身感受和对《神笔马良》童话阅读的双重基础之上。童话写作中"物性和人性统一"的规律是写作者细致观察的要求，"要把周围现实的画面印入儿童的有意识里去"（苏霍姆林斯基）。因此，虚构需要真实生活体验的支撑。

最后补充一点，赞成虚构并非唯虚构，我们不要用二元对立的思维方式评判思考。

16. 习作，儿童生命的曼舞轻扬

潘文彬

　　曾经听过两节有关表达感受的习作指导课，一节是著名特级教师靳家彦老师上的人教版教材上的习作课，一节是教坛新秀邢跃武老师上的自主开发的习作课。两节课的授课对象都是六年级的学生，两位老师在课堂上都注意调动学生的习作兴趣，立足学生的生活实际，唤醒学生习作的主体意识，引导学生捕捉感受、表达真情，让学生在轻松自由的情境中放飞思想、完成习作。这两位老师的精彩教学为我们进一步理解、反思和改革习作教学提供了鲜活可感的实例。

"作文，从真感受开始"

　　学生习作难，作文教学效率低下，这是由来已久的问题了。究其原因，我们以为，这可能与对作文教学的认识偏颇有一定的关系。尽管《语文课程标准》强调指出："写作教学应贴近学生实际，让学生易于动笔，乐于表达；应引导学生关注现实，热爱生活，表达真情实感。"然而现实中我们看到的是，写作教学依然缺乏对儿童生活的关注和挖掘，忽视学生的生活体验和独特感受，往往过多地强调审题、立意、选材、谋篇布局等多方面的要求，求新求异。学生常常是奉命而作，至于学生会不会写，想不想写，有没有兴趣写，课堂上老师却很少顾及，甚至置之不理。如此一来，把一些浅显的东西神秘化了，简单的东西复杂化了。学生为了迎合老师的心意，只得闭门造车，挖空心思去编造一些故事。

其实，习作是儿童生活的反映。记得一位学者曾这样说过："作文就是中小学生用语言文字表达自己对外界信息的审美感受的过程和结果。"《语文课程标准》也指出："写作是运用语言文字进行表达和交流的重要方式，是认识世界、认识自我、进行创造性表述的过程。"由此可见，习作是儿童个体的一种精神生活，是儿童自身的一种独特体验，是儿童自我表达、与人交流的一种实际需要，是儿童真情的一种自然流淌。可不是吗？习作本该是儿童生活的一部分，就如同吃饭睡觉一样，是儿童的一种生活需要，它并不神圣，也不玄乎。这里，我们不妨来细细品味靳老师与学生的一段对话：

师：下面我先做个自我介绍，然后你们再说。我姓靳，一个革命的"革"字，加上一个一斤两斤的"斤"字。这个字读什么？

生：靳。

师：真聪明！继续听，看我下面说的这段话有几个要点：我姓靳，今年58岁，是天津南开小学的语文老师，看到你们个个精神抖擞，特别认真，我很兴奋。我想，今天的课一定能上得特别成功。我的话说完了，有几个要点？

生：我认为有4个要点。第一，您的姓。

师：姓什么？

生：姓靳。第二，您的年龄。

师：我多大？

生：58岁。

师：第三个呢？

生：您所在学校的名称。

师：哪儿？

生：天津市南开小学。

师：第四？

生：第四个是我们这堂课一定能上成功。

师：这就是我的什么？

生：这就是您的内心感受。

师：说得太好了！（生鼓掌）这位同学听的能力非凡，她听了一遍就迅速总结出4点来，而且，将我见到同学们的心情概括为两个字。哪两个字？（板书：感受）大家说——

生：感受。

师：再说——

生：感受。

师：再说——

生：感受。

师：什么叫感受？就是看到外界的事物、人物、文章什么的，心里有所感悟，对吗？

生：对。

师：这就叫做"感之于外"。（板书：感之于外）读——

生：感之于外。

师：什么叫"受"呢？就是"受之于心"。（板书"受之于心"，指着"心"字）我们用这个字代替"内"。读——

生：受之于心。

师：一起来读这两句。

生：感之于外，受之于心。

师：感受，太重要了。感受是习作的前提，感受是立意的开端，感受是传情的基点，感受是行文的动力。作文不是从审题、立意、选材开始，而是从真感受开始的。

从这个片段，我们可以感受到靳老师对习作的深刻理解——"作文不是从审题、立意、选材开始，而是从真感受开始的。"这是多么精辟的言说啊！它既道出了习作的本质，也为学生撩开了习作的神秘面纱，重构了习作的概念，使学生有一种拨云见日之感。文章是感情的产物，学生只有对生活有所感受，有所思考，才会产生习作的冲动，才有可能写出动人的文章。要不古人怎么会说"情动而辞发"呢？写文章其实就是这么简单，它需要的是真感受，而不只是方法和技巧之类的东西。试想，当文人墨客有感而发，文思如泉的时候，有几人能顾及到起承转合、红线串珠这些写作技法呢？感受是习作的原动力，离开了鲜活的情感之源，学生的习作就会遮蔽童心，失去童言，远离童真。那么，在现实中，学生对作文到底心存怎样的一番感受呢？我们再来看看靳老师的一个教学片段，听听学生的声音：

师：现在，我想请同学们以"作文"为题来说一说你的感受。实话实说，你喜欢作文吗？

生：我有时候喜欢，有时候不喜欢。

师：为什么？

生：我喜欢写作文是因为有时我受了委屈可以写在作文本上，这样心里会好受些。我不喜欢写作文是因为有时老师出作文题目不太符合我的生活实际，觉得特别难，所以，我就不喜欢写作文。

师：也就是说，有时老师布置的作文题你没有内容可写。好，实话实说，说的都是真实的想法。

生：我大部分的时候是喜欢写作文的。因为老师布置的题目都十分合我的心意，所以，我写出来后，老师给我的分数都比较高，我有一种荣誉感。

师：老师给你鼓励了，你有荣誉感，所以你喜欢写作文，体验到成功的乐趣。她的体会非常深刻。给点掌声。（生鼓掌）接着说，实话实说，喜欢还是不喜欢？

生：我以前不喜欢写作文，但是从这学期开始，语文老师让我们每天写日记。经常写日记后，我觉得，写作文可以抒发自己的心里感受。我现在开始慢慢喜欢写作文了。

师：你们语文老师听了多高兴呀！以前不喜欢，现在喜欢了。我还是想听听哪些同学不喜欢作文。

生：我非常不喜欢写作文。因为有时候，我的作文写得挺好的，但怕老师和同学们会说是抄的。有时候，我的作文写得不好，又怕老师和同学们会说我的水平不好。

师：好了吧，怕人家说是抄的；不好吧，又怕人家说水平不高。因此，左右为难，不喜欢作文。好，真的是实话实说了。

生：我是不喜欢写作文的。因为我没有什么耐心。写作文要有耐心，要耐心去观察，去思考，而我没耐心去看去想。

师：你是嫌麻烦对吗？你们看，过去写作文，首先要审题，再确定中心，然后得选择材料，选好材料还得列提纲，接着根据提纲再起草，起了草以后还得修改，修改了以后还得誊清，然后交给老师，结果得了一个"中"或者"差"。老师再改，再誊清，你说麻烦不麻烦？

生：麻烦！

师：没内容，嫌麻烦，还有其他原因吗？还有的同学可能会说，我不知道该怎么去写。我从一年级到现在写作文总是得中等，不知道用什么办法才能写好作文。有这个原因吗？

生：有。

师：概括一下你们的发言，大体对作文的恐惧心理有三个：第一个是没内容写；第二个就是不知道怎么写，就是缺少写作文的方法；第三个就是嫌麻烦。你们不喜欢作文的原因恐怕主要就这三条。现在，我们要改变这种作文的状况。我们先从感受出发，你们把这几句话牢牢地记在心里：（板书）感受是习作的开端，感受是立意的前提，感受是传情的基点，感受是行文的动力。

生：（齐读）感受……动力。

从这段直达学生心灵的对话中，我们可以看出目前学生对待作文的一些心态，以及造成这种心态的些许原因。我们感到学生畏惧作文，既有其自身的原因，诸如生活经验的缺乏、知识基础的薄弱、思想认识的浅薄，等等；也有教师的原因，诸如写作素养的缺失、教学理念的滞后、教学行为的偏差，等等。教学中，靳老师深知学生的作文心理，在与学生进行心与心的交流之后，再次强化了"感受是习作的开端，感受是立意的前提，感受是传情的基点，感受是行文的动力"这句话，为学生指点迷津，帮助学生改变畏惧作文的状况。这样，学生在靳老师的启发引导下，愈来愈清晰地认识到：作文，原来是从真感受出发的，是出于倾诉感受的需要，一次作文，其实就是一次心灵之旅。可以想见，当学生知道了作文的真谛的时候，他们心中的那种畏惧作文的心理必然会得到消解，而对作文产生一种别样的感情。

　　生活中不是缺少美，而是缺少发现的眼睛。学生也不是没有感受，而是缺少留意生活的习惯。太阳每天都在升起又落下，生活每天都在继续着。只要学生能够心存热爱，热爱生命，热爱他人，热爱大自然中的一切，感之于外，受之于心，就会从司空见惯的事物当中获得丰富的感受，就会在感受生活的真善美的过程中发现许多令人感动的东西。这感动，或许只是源自路边那无言的小草，只是源自树头那飘落的黄叶，只是源自老师那鼓励的目光，只是源自奶奶那幸福的微笑……有了这些感动，学生就不会为作文而发愁了。那么，我们怎样引导儿童到大千世界中去捕捉感受，积淀经验，形成习惯呢？我们或许能从邢跃武老师的这个教学片段中寻找到答案：

　　　师：同学们，老师今天是第一次走进百家湖小学给大家上课，此时此刻，老师的内心会有什么感受呢？请你们猜一猜。
　　　生：我猜想老师一定很激动。
　　　师：是啊！和同学们在一起，老师的心情始终是激动的，飞扬的，你真善解人意。

生：我猜想老师一定很高兴。

师：看着同学们这一张张笑脸，老师当然高兴。再猜一猜老师还有什么样的感受？（就近请一位男生）用手摸摸老师的心跳，感受到了吗？（耳语：心跳快、激动、紧张。嘘，先别说。）谁来猜一猜，他要对大家说什么？

生：他想告诉我们，老师给我们上课有点紧张。

师：他说对了吗？（生答"对"）你怎么猜到的？

生：我猜想老师心跳一定比平时快，那是紧张的原因。

生：我看老师脸红了，说话时不流畅，声音有点发抖，可能紧张。

师：你通过听话，发现老师有点紧张；从老师脸红了，面部表情看出老师有点紧张，观察真仔细。他们都猜对了吗？（生答"是的"）握个手，谢谢你的配合！继续猜？

生：我猜想老师给我们上课，一定感到很荣幸。

师：是啊，老师早就听说百家湖小学六（4）班是个优秀的班集体，同学个个聪明可爱，今天有幸与大家零距离接触，能不感到荣幸吗？其实，每个人自己内心的感受，自己最清楚。刚刚接触就几分钟，同学们就猜出老师的内心是激动、高兴、紧张、荣幸，真的很棒，此时此刻，老师的内心除了以上这些感受外，还有些自信，有些新鲜呢。

这是邢老师教学的开场白，幽默风趣的话语中透发出一种教学智慧，看似漫不经心的闲聊，实是教者的匠心独运，在不露痕迹地引导学生留意生活，感之于外，受之于心，捕捉感受，表达真情，为下面的教学做铺垫。我们看到，通过这样的闲聊，学生逐步打开了话匣子，很快进入状态，他们在揣摩体会和对话交流的过程中能够真切地感受到：捕捉感受离不开仔细的观察和细心的体会。而这，正是习作的前提和基础。

"作文，从真感受开始。"当学生明白这个道理之后，他们就会把目光投向自己的生活世界，并用自己的真情去拥抱，去感受，去体验。这样，他们便会觉得，生活就是习作的源泉，习作的内容原来是这样的丰富多彩，用之不竭，而写作文的所谓技巧又是何等的简单——就是把自己的所见、所闻、所思、所感用语言文字写下来，是一种浑然天成的自然而然。这不正是体现了"我手写我心"的习作真谛吗？

"作文，生命与生命的对话"

我们认为，对话不只是阅读教学的专利，其实，作文教学也是一种对话，是学生、教师与生活之间对话的过程。这是建立在学生已有的生活经验和教师对习作教学目标的准确把握的基础上的一种教学对话。这种对话是围绕着教师精心设计的一个或几个富有张力的、能够拓展思维的、直抵学生心灵的话题而展开的。教学中，通过话题的展开，启情导趣，导开言路，唤醒学生的生活积累，让学生能够在真情对话的过程中，激活自己的生活储备，迅捷地从自己的记忆仓库中调取出与本次习作要求相匹配的素材，且能产生一种不吐不快的写作冲动，从而使学生易于动笔，乐于表达。我们还是回到课堂上来聆听那精彩的对话吧。先看靳老师的一个教学片段：

师：看到现实的生活，引起你感情的波澜，产生了一种强烈的要表达出来的欲望，这时候，才能写出作文来。如果现在我问你，你最想告诉大家的是什么事情，可以说吗？也就是说，我现在要引导大家写什么都行，写人写事，写风花雪月，写天气变化，理想、幻想，甚至于梦想，想写什么就写什么。

生：我想写我的第一次。

师：想写你的第一次什么？

生：我第一次被爸爸打了。

师：爸爸为什么打你呀？

生：因为我没有做作业。

师：爸爸做什么工作？

生：我爸爸送快餐。

师：爸爸为什么要你按时完成作业？你挨打的时候恨爸爸吗？

生：不恨。

师：为什么？

生：因为爸爸也希望我成绩好。

师：那么疼，你不恨吗？

生：不恨。因为爸爸是为我好。

师：这次打呀，打出了那么难得的认识。爸爸用什么打的？

生：用尺子打的。

师：还有凶器！（生笑）当爸爸举起尺子时你是怎么想的？当尺子落在你身上时你又是怎样想的？你哭了吗？

生：哭了。

师：哭的时候你想些什么？哭完了以后你又想些什么？把这些都活灵活现地呈现在我们面前，我们会对你的爸爸十分崇敬的。当然，我们也会觉得你爸爸的教育方法不太恰当。同意我的认识吗？

生：同意。

师：非常好。你这篇文章就可以叫"挨打"。

生：我想写这样的一篇文章——《被冤枉的滋味不好受》。

师：你被冤枉了？谁冤枉你了？

生：妈妈冤枉的。

师：怎么冤枉的呢？

生：有一天，我躺在床上。妈妈到阳台上晒被子，发现被子上有一块是湿的，就骂我不懂事。因为那是冬天。

师：妈妈以为你尿床了？（生笑）

生：后来，她才笑着对我说，其实不是我尿床，而是热水袋破了。

师：妈妈冤枉你了，你又是个女孩子，你心里怎么想？

生：心里觉得很难过。

师：当妈妈向你道歉的时候，你又怎样想？

生：我想原谅妈妈。

师：妈妈委屈了女儿，可是女儿不计较。女儿觉得妈妈能向女儿道歉，是何等高贵的品质呀，所以当你受了委屈的时候，一定不要只是怨恨，因为他们是我们的亲人、长辈、同学、同胞，我们不要想报复他们，更不要想让他们变得不舒服，而想着怎样友善地解决误会。好吗？

生：好。

……

师：还有不少同学要说的。时间关系，我们一会儿用笔来倾诉，可以吗？

生：可以。

师：（出示投影）今天我们的作文是这样的，请同学们看大屏幕，请一位同学给大家读一读。

生：这次作文不规定题目，也不限定内容范围，请你自由写。你想写大自然秀美的山川、变幻的风云雨雪，想写千姿百态的事物、各种各样的人，想写自己的爱和恨、快乐和烦恼，想写自己的幻想、梦想、理想都可以。动笔之前先认真想一想，自己最想告诉别人的是什么？然后放开来写，把自己想说的意思写具体、写清楚。注意不写错别字，写完以后，读一读，有不满意的地方修改一下。最想告诉别人的可以理解为感受最深的。

师：读得真好，拿过来就读，读得那么好。作文绝不是教给你审题、立意、布局谋篇，而是你和我情感的交融，生命和生命的对话，在这个时候，我才真的对你的作文进行了指导。

在这里，靳老师设计了一个极为宽泛而自由的话题，让学生敞开心扉，展开对话。我们看到，在对话的过程中，靳老师关注的是学生对生活感受的真实表达，注意启发学生的心灵智慧，丰富学生的情感世界，拓展学生的思维空间，提高学生的思想认识，并给以学生最大的自由，抒发其内心的感受。我们还看到，在对话的过程中，靳老师能够珍视学生的独特感受，尊重学生的个体差异，用情感激活情感，用心灵碰撞心灵，循循诱导，抵达学生的心灵世界。在这个对话的过程中，靳老师始终用那浑厚亲切的话语与学生进行着真情交流，他那亲切和蔼的话语，就好似和煦的清风，给学生送去温馨和惬意，吹开了封存在学生心灵深处的积淀已久的那份情感。所以，我们在课堂上聆听到了学生生命花开的声音。我觉得，这样的习作指导才是真正意义上的有效指导，才能够达到如冰心所说的那样，让学生"心里有什么，笔下写什么，此时此地只有'我'……只听凭此时此地的思潮自由奔放，从脑中流到指上落到笔尖。微笑也好，深愁也好，洒洒落落，自自然然地画到纸上。"惟其如此，才能真正达到像《语文课程标准》所强调的那样："要求学生说真话、实话、心里话，不说假话、空话、套话。"

下面，我们再来欣赏邢老师的一个教学片段：

师：那么，此时此刻，你们的内心有什么感受呢？静下来想一想，想清楚了再说。

生：我此时很激动，因为客人老师来给我们上课，这节课一定很精彩。

生：我刚开始时很紧张，因为老师身材很高大。但与同学交流时，我感到老师很随和，现在好多了。

师：你的适应能力蛮快的嘛，继续下去你会更加"好多了"。

生：非常紧张，不过见你很和蔼，说话亲切，我想你一定是位优秀的老师，肯定能上好这节作文课。

师：谢谢你的夸奖，我们一起努力。（请一位不发言的男生起立）你紧张吗？（生点头）老师和你握握手，好吗？别光点头，说话——

生：我此时此刻很紧张。

师：能给大家具体说说吗？

生：此时此刻我很紧张。我现在在众目睽睽之下上课，心里像十八个水桶打水——七上八下，我的脸色铁青。

师：打断一下，到底是多少个水桶才七上八下？

生：十五个水桶。

师：够紧张的。你说在众目睽睽之下上课，好像不准确，应该……来，你回头，大胆地看看后面听课的老师们。看好了，想想应该怎么说？

生：在几百双眼睛关注下上课。

师：脸色铁青，你能够看到？应该怎么说？

生：脸色白了。

师：白了？再想一想。

生：我感到脸发热。

师：哎呀！你的手心怎么了？（请同座看手心出汗）你说说看，此时此刻他的心里会怎样？

生：他很紧张。

师：现在，请你来具体说说此时此刻心里怎样紧张，你有把握吗？

生：此时此刻，我的心里十分紧张，因为有几百双眼睛注视着我。我的心里像十五个水桶打水——七上八下，我感到脸发热，手心也湿漉漉的。

师：（走近拍一下）你的腿？

生：我的腿一直在发抖，脚心都冒冷汗了。

师：真够紧张的。说得好吗？掌声鼓励。我的手心也出汗了，老师谢谢你。不过老师要提醒你，今后课堂上，大胆发言，自信一些，别紧张，好吗？

师：其实，我们平时积累的词语，也有不少能够表现出人物紧张的，谁来说一说？

生：心惊胆战、胆战心惊。

生：提心吊胆、六神无主、惊慌失措。

……

师：同学们积累的词语真不少！我们学过的课文中也有不少片段是写人物紧张感受的，回忆一下，能说说吗？

生：《黄河的主人》课文中有形容人物紧张的片段，写艄公在黄河上行船的时候，在波涛汹涌的情况下，很紧张。

师：老师如果能听你把描写艄公紧张的情节说出来就更好了。老师也来说一个，好吗？（老师通过有感情的朗读，引导学生体味）

烛焰摇曳，发出微弱的光，此时此刻，它仿佛成了屋子里最可怕的东西。伯诺德夫人的心提到了嗓子眼上，她似乎感到德军那几双恶狼般的眼睛正盯在越来越短的蜡烛上。

师：想起来了吗？

生：这是《半截蜡烛》里的一个片段。

师：这段描写人物紧张的文字，写得多细腻啊！看来，我们平时读书，学习课文，还应该留心，注意积累好的词语、片段。这样，我们习作时就会感到得心应手，挥笔自如。

师：此时此刻，你的内心又有什么新感受呢？想一想。

生：我的心情渐渐变好了，就像窗外的天空一样，一片晴朗。

生：我的心里很高兴，我们又多了一位朋友。

师：我也很高兴，在这么短的时间里，结识了你这位重感情的朋友。握个手吧。

生：我很伤感，因为这节作文课就快结束了，你也要走了，我们不能再见面了。

师："你要走了，我们不能再见面了。"我听了怎么总觉得别扭，你的意思是说：老师上完这节课，要离开百家湖小学了，因为老师的学校还有工作等着老师去做，你舍不得，是吧？

……

邢老师的教学是一直以聊天的方式进行着的，他先让学生猜测自己首次走进百家湖小学为同学们上课的感受，再让学生自由地谈谈自己进入课堂后，在几百位听课老师目光注视下的切身体验和感受，并引导学生将这种感受表达具体。我们看到，在邢老师的启发之下，学生能够与自己的心灵展开对话，及时地把握自己的内心感受，并与老师和同学展开交流。在对话的过程中，邢老师总是不失时机地加以引导、点拨，让学生能够把自己的内心感受更加具体明白地表达出来。比如，在引导学生表达紧张心情的时候，邢老师的指导就充满了智慧。对于紧张心情的表达，可以描写一些外在的表现，如，手心出汗、腿在发抖等；也可以描写内心的活动，如，六神无主、忐忑不安等；还可以通过想象、类比等方式来表达，如，"十五个吊桶打水——七上八下"、"心情就像窗外的天空一样"等；还引导学生从阅读学习中体会，等等。这样的指导，是细致的，多方位的，使学生不仅捕捉到了生活中的感受，而且明白了怎样来表达自己的感受。我们还看到，在教学过程中，学生的内心感受是在不断变化着的，邢老师注意在引导学生与自己的心灵进行对话的同时，让学生能够去捕捉到那些稍纵即逝的感受，并让他们尽情地表达出来。这样就能够使学生在捕捉感受、表达感受的进程中，逐步地感悟到不同的心境、不同的人物、不同的环境，都会引起不同的感受，从而让学生明白习作就是要准确细腻地表达出人物内心情感的变化。我觉得，这就是邢老师的匠心所在。

"作文，生命与生命的对话。"当我们明白了这个道理的时候，我们就会把目光投向儿童的生活世界，尊重儿童应有的权利，关注儿童健康的成长，理解儿童，亲近童心。这样，我们在习作教学时就不会只去讲授那些劳而无功的写作技巧，而会注重学生生活体验的积淀，情感世界的丰富，思维空间的拓展，语言材料的积累，让学生的习作拥有汩汩欢唱的源头活水。也只有这样，学生的习作，才会洋溢着儿童的烂漫，流淌着儿童的真情，飞扬着儿童的智慧。

"让每个学生都有表现自己的机会"

我们知道，人的深层需要都有渴望别人赏识的愿望，对于尚未成人的小学生更是如此。每位学生都有进步的愿望，都有被人欣赏、被人肯定的愿望，都有主动发展的潜能。其实，儿童的习作能力的形成和发展，在很大程度上得益于老师的宽容、信任、引导和激励。当学生用自己的智慧写成了习作之后，他们满心欢喜，最渴望能够得到的是别人的认可和赏识。此时教师就应该顺应儿童的心理，为其搭建一个展示交流的平台，采用多种方式，让每个学生都有表现自己的机会，体验成功的快乐。靳老师深谙此道，为了能够最大限度地满足学生的表现自我的心理需求，他的习作讲评的设计别具特色，充满创意。学生完成习作初稿之后，靳老师在黑板上写了"小小作家笔会"这6个漂亮的美术字，并让学生推荐两位同学来主持这个笔会，这种新颖的讲评形式吸引着每一个学生。这里我们不妨来回放一下当时的一个教学场景：

师：掌声有请两位主持人。我把位置让给你们俩。我先讲几句：刚才40分钟同学们在下面写，我什么也没有说，也没有指导。这节课，我们要进行这篇作文的讲评，我又没有看，又没有批改同学们的作文，因此，我想请两位主持人替我做主。我想先听听主持人的意见，你们准备怎样主持呀？

生1：我觉得作为主持人最重要的是要使现场的气氛活跃起来。

师：那么怎样使现场的气氛活跃起来呢？

生1：和大家打成一片。

师：主持人光和大家打成一片可不行，光打成一片就乱成一团了。还要做什么？主持的时候，第一件事先要做什么？想不起来？你想起来了吗？

生2：我准备先让每个同学介绍自己所写作文的题目，然后让同学们选出自己最想深入了解的作文。在读作文的时候，如果有意见可以随时打断，欢迎对他的作文进行评点。

师：她的主持方案能通过吗？

生：能。

师：鼓掌通过。（生鼓掌）华彦，你同意她的主持方案吗？

生1：同意！

师：希望你们两个配合默契，珠联璧合，让全班每个同学都有表现自己的机会。因为这套方案本身就是一种创造。下面就开始吧。不过，我还是要当辅导员的，在点评作文当中，如果我有什么意见，同学们愿意听吗？

这个简单的教学环节，让我们感受到的是全新的教学理念和靳老师的教学智慧。我觉得，这个教学环节至少有以下几点值得我们关注：第一，成功信心的树立。"小小作家笔会"这种形式会使学生感到新鲜有趣，课堂上学生以"小小作家"的身份参与交流，他们信心倍增。第二，个性才情的展示。教师信赖学生，把讲台让给学生，展示了学生的才情，尊重了学生的话语权。第三，主体地位的发挥。让学生来主持，能够拉近学生之间的距离，有利于调动全体学生参与的兴趣，彰显学生的主体地位。但在行进的过程中，教师没有忘记自己的主导作用，能够适时地给予引导、点拨，确保教学的有效性。

我们知道，学生习作水平的发展是不均衡的，有差异的，以往的讲评课唱主角的常常是一些优等生，大部分学生难有表现自我的、体验成功的机会。而在讲评的过程中教师又是以这些优等生的作文作为衡量、评判学生习作的标准，这样，就会使大部分学生对习作"望成功而莫及"，这势必会关闭他们的情感闸门，扼杀他们的表达欲望，从而使他们对写作产生一种畏惧和抵触的心理。而在靳老师的课堂上，学生个个都是主角。我们看到由于主持人的提议，每个学生都很愉快地介绍了自己的作文题目，对于那些大家都感兴趣的题目，学生就把它写在黑板上。令人惊喜的是，学生的作文题目没有一个是重复的，可谓异彩纷呈。这里我们不妨来欣赏一下学生的作文题目：《我能行》、《长大后》、《我——未来的漫画家》、《我最好的朋友——妈妈》、《恐怖的一幕》、《爸爸第一次发火》、《与事实相反的梦》、《梦断篮球场》、《一件异想天开的傻事》、《我的理想——兽医》、《你好，老靳》、《极限接触》、《我是一只蚂蚁》、《我的第一次》、《它就这样离开了人间》、《妈妈流泪了》、《讨厌的绰号》、《老友万岁》、《我发现了一根白头发》、《第一次被爸爸打》、《我的烦恼》、《看家的恐惧》、《我的偶像》、《集体力量大》、《小偷先生，你们绝望吧》、《我说服了爸爸》、《好聪明的甲鱼》、《爸爸你太累了》、《我好后悔》、《第一次独自睡觉》、《妈妈，你不能输》、《世界杯夺冠》、《我也曾淘气过》、《啊，我发现了》……看到这些题目，靳老师动情地说："同学们看，黑板上写上了大多数的题目，这些题目多有创造性呀，都是你们发自内心的真实情感的流露。这些题目包括写人的，写事的，写物的，写理想的，写幻想的，写梦想的，写喜怒哀乐的，什么都有，直抒胸臆，多好呀！"

与靳老师不同的是，邢老师把交流题目的环节放在了学生动笔写作之前，同样也是很精彩的：

师：我们这堂作文课，就是要你把刚才捕捉到的真实的感受表达出来。那么，我们在写作文之前，准备给你将要写的文章定一个什么题目呢？要知道，题目是文章的眼睛，给文章定下一个好的题目，文章就成功了一半啦！请同学们静下心来，想想作文题目，想好的记下来。（巡视发现个性习作题目，相机板书：一节别开生面的作文课；我快乐，我失落；沟通，从微笑开始……）

师："一节别开生面的作文课"是谁定的题？看来你是从这节课给你的感受这个角度来命题的。很好，老师希望你的文章能够写出别开生面的感受。

师："我快乐，我失落"是哪一位？能够说一说为什么定这样一个题目？

　　生：我快乐，在短短的、不到 40 分钟的时间里，邢老师的作文课使我感受到了快乐。我知道，邢老师就要和我们分别了，我们心里很是依恋，有种失落感。

　　师："沟通，从微笑开始"，这位同学从老师和同学们沟通中，捕捉到了一种非常独特的感受，这个题目新颖，有创新，老师真的希望早点看到你的作文。

　　……

　　师：刚才，老师看到同学们写下了许多精彩的作文题目。现在请你们拿起笔来尽情地去把自己捕捉到的真实感受表达出来吧！

　　看到自己的题目出现在了黑板上，学生的心中怎能不升腾起一种激动和愉悦呢？怎能不亲近作文、喜爱作文呢？

　　两节课上，我们看到了那么多凝聚着儿童智慧的作文题目，这不禁让我们想到了赞可夫说的一句话："教学法一旦触及学生的情绪和意志领域，触及学生的精神需要，这种教学法就能发挥高度有效的作用。"这也许就是这两节课为什么会产生如此效果的原因吧。

　　"让每个学生都有表现自己的机会。"当这个理念融入我们的教学当中的时候，我们就会把目光投向每个儿童，关注着每一个生命个体的健康成长，让他们生命之花在习作中绽放。这时，我们便会走下讲台，融入学生之中，把讲台让给学生，最大可能地让每个学生把自己习作中最得意的地方展示给大家。课堂上，可以让他们说说自己那独具匠心的题目，读读自己作文中那些生动优美的语句，甚至一些用得精当准确的词语，让学生在展示自己习作的过程中，揣摩品味，欣赏辨析，合作分享，学会尊重，懂得赏识，体验成功。如此一来，我们就有可能唤醒学生沉睡的潜能，鼓起他们前进的风帆，让他们的个性和灵性在习作中曼舞轻扬。

17. 给予活动自由，张扬学生个性

黄桂林

综观当前小学生作文，突出问题是"少年老成"现象严重，从作文中难以看到孩子的童真童趣和真实自我。其重要原因是作文指导偏向，教师引着学生跑，牵着学生走，束缚了他们的"思维空间"，限制了他们的"言论自由"，要说的不让说，让说的不愿说，结果只能用自己的笔说老师的话。《语文课程标准》为作文规定的总目标是："能具体明确、文从字顺地表达自己的意思。"笔者认为，"表达自己的意思"，就是要让学生用自己的笔说自己的话，使作文显示自己的个性。而作文是表情达意的重要载体，真切感受是写好作文的重要前提。为此，须创造条件，开阔活动空间，给予活动自由，让他们在时空的自由中获得真切的感受，在心灵的自由中表达真实的感受，以使他们在作文训练中得到语言的发展、个性的张场。

天性自由放飞

人们对外部事物的独特感知，对客观世界的独特认识，是其形成个性语言作品的重要前提。要使作文训练促进学生"发展"，很重要的一点是要发展学生语言的个性。让他们在运用语言文字描写事物、叙述事

情、抒发情感的过程中，形成自己对事物的独特认识，对事物的独特表述。而要培养学生语言的独特性，须在实践体验中，让学生向客观世界投去独特的视角，以获取独特的素材。不少教师虽经常把学生引向生活，引向自然，但在"生活"中，在"自然"里，学生始终得"完成"老师的"任务"。想玩不可能，想乐无机会。结果，学生没有自己的材料，没有自己的体会。为此，要培养学生语言的个性，须让他们在生活中真正"生活"，在自然里真正是"自然"，让他们天性自由放飞，心灵自由放飞。请看下面这个案例：

> 一天午后，随着一阵紧似一阵的北风，雪花慢慢地从天空洒落下来。正在上课的孩子们，心一下子飞到了窗外。上课的一位年轻女教师，看到此情此景，她马上丢下课本，大声说："同学们，看雪去！"孩子们如放飞的小鸟，拥着她来到操场。"同学们，尽情地看，尽兴地玩吧！"她这一说，学生都在操场上分散开来。有的举起双臂，好像在迎接天外的来客；有的抬起双手，仿佛捕捉神奇的玉蝶；有的张开大嘴，犹如品尝廉价的冰淇淋；有的站在树下，倾听着雪花的声响；有的蹲在地上，细看着雪花的踪迹；有的在跑道上奔跑，追逐着雪花的身影……这位女教师也和孩子们一道出神地仰着头在看着雪花。此后，她又在操场上了说话课。孩子们围绕雪景，尽情表达，语言各不相同，实在令人欣喜。

为什么呢？我们知道：好动、好玩、好奇，这是孩子的天性。虽然是上课，但室外的雪景，一下子引起了他们的注意。教师抓住大自然赐予的良机，以"同学们，看雪去"把学生带到了雪的世界；以"同学们，尽情地看吧，尽兴地玩吧"带学生进入了玩雪的境地。他们玩得那么忘情，感受岂能不深？玩法这么独到，感受岂能相同？

个性自由放飞

教学中经常有这样的现象，为了作文搞了不少活动。但活动后引导说话作文，学生大多语言雷同，缺乏个性。其重要原因就是活动限制过多，学生自由不够，教师"引导"过了头，"指导"过了分，还没出发，就千叮咛万嘱咐，让学生带上笔记本，细心观察，认真记录。到了现场，更是细心提示，精心点化，从观察目标到观察方法，从观察顺序到观察重点。这样引导之后，学生还能有自己的个性化的语言吗？因此，作文要体现个性化，重要之处就是要让学生全身心地去感受生活，感受情境，让他们凭着自己的个性，根据自己的爱好，选择自己的方法，真诚地拥抱生活，真心地透视世界。为此，须在带学生走向生活、走向自然、走向社会时，让他们自主地、自由地确定观察重点，选择观察方法，把握观察细节，从而获得真切的感受和深切的体会。如，一教师带学生寻找春天，活动前告诉学生："今天老师没有明确要求，你自己怎么找就怎么找。"结果，学生尽情去玩，尽兴去找：有的迎着大路快跑，去感受春天的风，说春天的风那么暖，那么软，那么轻，那么柔；有的躺在草地上仰望天空，去观察春天的天空，说天空是那么高，那么蓝，鸟儿是那么多，那么欢，云层是那么薄，那么美；有的在小路上慢跑、细看去观察春天的路，说春天的路那么软，那么松；有的到广场上去玩，去观察春天的广场，说春天的广场孩子变多了，风筝变高了，人们变欢了……由此可见，生活是色彩斑斓的，只有引导学生以自己独特的方法，向生活投射去自我的眼光，才能使他们感受到生活的独特，才能使他们产生有个性的思想和独特的情感；外部世界对学生心灵的撞击，才能呈现多姿多彩，外部世界对学生心灵的映照，才能转为诗化了的语言。

情思自由放飞

人们的言语活动是用来展示自己的精神世界的，而精神世界也常常要依赖于言语活动来展示。学生是各有各的个性的，他们的精神世界千差万别，对外部世界的感受也就不同。在活动型作文中，在学生对外部世界进行真切感受的同时，须以有效的方法引导学生进行富有个性的精神探索，使他们用自己的话语，大胆地展示自己特有的精神世界，抒发自己内心的真实感受。

还是那个在大雪到来之时引导学生看雪景的教师，在学生充分感受了"漫天飞舞"的大雪以后，及时引导：同学们，我们各用一句话描写一下天空的景色。最好不要与别人所说的相同。

学生语言丰富，各有个性，有的说："满天的玉蝶挣脱了玉皇大帝的束缚，纷纷来人间向我们报到了。"有的说："雪花似柳絮飘，似棉花飞，似蝴蝶舞，好一幅美丽的景象。"有的说："雪姑娘经过长途旅行，疲劳了。你看她走路摇摆的样子。"有的说："看吧，老天爷正挥动着巨大的手，把一团团棉花抛下大地，他要编织一条棉被，好让大地的一切暖暖地过冬。"……

接着，教师又这样引导：看着漫天的大雪，我想你们一定有许多话儿要说，但老师只想让你们说一句话，来表达自己的希望，再说一段话交代原因。

结果，学生有盼雪下大的，有盼雪快停的，有希望雪不要下在路上的，有希望下雪但天气不要寒冷的……在交代"希望"的原因时，更是各不相同，各有特色，一位学生是这样叙述的："寒冬腊月如同三月小阳春，这本是少见，但我却特别高兴，并不是我怕冷，而是天冷我妈妈的腿受不了。妈妈的腿患关节炎已三年了，每年冷天疼得越发厉害，有时疼得竟然下不了床。看妈妈拖着疼痛的双腿在家里忙着，我真是难受极了。我想，要是冬季从四季中去掉该有多好。可这老天，今天竟然下雪了，而且下得这么大。看着这么大的雪，我仿佛看到妈妈抱着双腿在痛苦地呻吟，又好像看到妈妈一瘸一拐地去井边为我洗衣……老天爷啊，你行行好吧；大雪啊，你快停吧！"

试想，如果观察下雪的景色后，教师来个"用一句话表达自己对雪的赞美之情"的统一要求，不少人必然会言不由衷；如果学生谈了自己的希望后，对看起来"不可思议"的言语横加指责，学生必然会学着说谎；如果不是发生了情感后，及时进行片段练习，那么发生的情感就不能与学生内心的语言库存构成联系，以产生"心潮涌动"的言语活动。如果学生说出对雪的讨厌之情后乱训一通，强行让其以"雪中趣事"为题，学生就不可能说出画面有异、心愿不一、情感有别的片段。因此，对活动作文，须多些开明，多些开放，去掉限制，去掉束缚，让学生真心地感受生活，真实地表达情感。

18. 儿童作文为了什么

刘云生

黎巴嫩著名诗人纪伯伦说过这样一句话："我们已经走得太远，以至于忘记了为什么而出发。"用此话来说当前的儿童作文、儿童作文教学和儿童作文教学改革中的某些现象，也许并不为过。当前，是该重新回到起点，想想儿童作文"为什么而出发"这个最原初的问题了的时候了。

儿童作文：为当下生活的完满

儿童期是人类个体生命周期中的起始部分，也是个体生命不可逾越的阶段。卢梭认为，"大自然希望儿童在成人以前就像儿童的样子"。儿童应该有儿童自己的生活，正如华兹华斯所描写的那样，"一帮真正的孩子；不那么聪颖，不太有学问，不太乖；但任性而动、生气勃勃……"其中，作文也是儿童生活的重要内容之一。因为儿童在生活中有倾诉的需要，有交往的需要，并且也不仅仅满足于口头的表达，也需要书面的表达。从这个角度来说，作文可以使儿童当下的生活更加完满。然而现实中，我们更多强调的是"生活是儿童作文的素材"，儿童用作文来记录生活，而忽视了作文本身就是儿童完满生活的一部分。它就是儿童情感的倾诉场，就是儿童交往的重要方式，在这个意义上它和儿童游戏、涂鸦等没有两样。

儿童作文就是儿童在生活。如果用这样的观点来看儿童作文，它首先是童心的自由倾诉，儿童所写的应该是他想写、爱写和能写的东西。如，有一位二年级的小男孩养了两只小鸭子，一只取名为"小可爱"，一只取名为"小黄豆"，对它们倾注了一个儿童最真挚的情感，然而有一只却不幸夭折了，他哭了三次。在他的日记中他写道："我的小可爱死了，只剩下小黄豆了，我会好好地对它。我想我的小可爱在天堂一定会满意我这样做的，也会喜欢我的。"文字虽不多，但情真意切。有了"童心"，那任性而动的文字就如雏燕一般，虽然只在天空中画出歪歪扭扭的几缕细线，但每一条细线都是那么生气勃勃，趣味盎然。有了"童心"，那残缺不全的句段才如现代画一般，虽然星星点点看似构不成完整的图画，但每一笔所承载的智慧和诗意都是那么令人玩味，令人心动。

然而，如今翻开不少儿童的作文本却难见闪耀的"童心"，有的只是模式化的思维，有的只是成人的话语，有的只是没有灵魂的文字堆砌。不少儿童作文成了成人作品的"微型版"，比如，一位六年级的女生，在一篇作文开头这样写道："夜阑人静，我一个人独坐在书房中，关上门，面对着一杯咖啡、一本作文簿、一支圆珠笔，我沉浸在沉思中。古人的两句诗清晰地浮现在我的脑海里：'人生自古谁无死，留取丹心照汗青。'……"读罢，真让人想不到这么成熟而世故的话语竟出自儿童之手。这不得不令人警醒！不得不让人疾呼：让儿童作文成为儿童的生活，而不是成人的生活吧！

儿童作文其次是丰富儿童生活的手段。比如，让儿童拿起笔给亲人、朋友，或其他人写几句心里话，并传递出去，他的生活可能因此而多了一份温馨。在游戏、郊游等活动中，让儿童设计活动计划，编一个小故事，或者写几句歌词，他们的生活会因此而更加精彩。在儿童仰望星空，注视河流，眺望森林，窥视虫蚁时，让他们展开想象，"把真实的东西转变为他想要的东西，从而使他的自我得到满足。他重新生活在他所喜欢的生活中，他解决了他所有的一切冲突，尤其是他借助一些虚构的故事来补偿和改善现实世界"（皮亚杰）。诸如此类，儿童作文与儿童生活就能够实现同构共生，儿童作文就不会成为儿童的"额外负担"，或者令其恐惧的东西，而成为儿童生活的享受和幸福的源泉。从这个意义上说，没有作文的儿童，其生活是不完整的，更是不完美的。作为教师，我们应该给儿童作文更多的自由与尊重，因为儿童有自己选择如何生活的权利；我们应该给儿童作文更多的宽容与理解，无论他们所写的文字有多么幼稚，甚至在成人看来是多么可笑，我们都要给予关注和支持。

儿童作文：为言语生命的成长

毫无疑问，每一个儿童都是一个世界，一个不断生长着的世界；每一个儿童都有自己独特的言语世界，一个不断生长着的言语世界。儿童作文必然是儿童言语生命成长不可或缺的重要形式。作文就是要培养儿童的写作能力和写作素养，让儿童学会用"笔"的方式倾诉和交际。这个道理十分浅显，但在作文教学中，我们不少教师虽然时刻在"教"儿童作文，却走向了儿童作文的反面。

把儿童言语发展说成"言语生命"，可见言语是儿童生命的一部分。生命的本质特征在于主动、灵动。一切生命的发展都是靠自己来完成的。尽管外力会起到一定的作用，但这种"外因必须通过内因起作用"。从这个角度说，儿童言语生命的发展是儿童自己的事，儿童作文也应该是儿童自己的事。然而，不少教师采取了违背儿童言语自我生长规律的行为，揠苗助长者有之，人为阉割者有之，削足适履者有之。比如，有个儿童在作文中这样写道："军训时，同学们一个个在地上爬着前进，就像一条条青虫在地上蠕动。"教师认为不妥，将之改为："军训时，同学们一个个匍匐前进，就像一个个真正的军人向敌人的阵地挺进。"完全失去了儿童言语的味道。教师对儿童作文的指导应该扮演苏格拉底所说的催生婆角色，而不是雕塑家或者屠夫。因为正如德国哲学家恩斯特·卡西尔在其著作《人论》中所论，"人在掌握语言的过程中总是持一种能动的创造性的态度"。

儿童作文是为了其言语生命的成长。所谓"成长"，应该是一种开放性的、多元性的、可能性的过程，而不是"抵达"某一个固定的目标。因此，儿童写出来的作文是什么样的，儿童作文的内容和形式向哪里发展都难以做出"固定靶"式的规定，只能指向一个科学、健康的方向。可是，有不少教师人为地在心目中建立起儿童作文的式样框架，比如，怎样开头，怎样结尾，怎样写中间，并以此来评判儿童作文，或者拼命让儿童作文符合自己的要求，通过所谓的"匡正"在儿童作文早期就阻断了儿童前进的路，窒息了儿童言语生命的活力。其实，文无定法。儿童作文作为人写作的初级形态，只能算一种前写作状态，或者说准写作状态，更应该多种多样，不拘形式，甚至异想天开。比如，美国佛罗里达州举行了一次作文大赛，一名九岁的小男孩儿写了一篇想象作文《孵蛋》："星期天，我和几个小朋友到郊外去玩，捡到一个蛋，就拿回家，开始孵蛋，原来这是一枚'尼克松蛋'，结果我孵出了一个尼克松！"结果，他被评为该州作文竞赛一等奖！这个案例看似荒诞，但儿童正是在这样"荒诞"的表达中成长起来的，的确应该给予肯定。

儿童作文：为精神胚胎的孕育

"言为心声"，儿童言语的发展与精神的发展是同步的。作文不仅是儿童用心灵之声合成的音乐，更是儿童心灵成长的行囊和养料。它具有孕育儿童精神胚胎的责任和功用。

儿童作文可以激活儿童的内在潜能，让他们从祖先那里所继承的"原始遗产"、"种族发育根源的碎片"（弗洛伊德）或"原始意象"

（荣格）从后台走向前台。因为儿童在表达中总要思考，在头脑中搜索精神的信息和心理的言词，这有利于儿童"精神碎片"的凸现和凝聚。威尔逊曾这样描述过："一个小孩来到深水边缘，满心期待地准备迎接新奇事物。他就像远古以前的成年原始人，一个贪婪的古代原人，来到比如说马拉维湖湖滨，或是莫桑比克海峡边。"儿童作文，就是儿童心灵中的"原始"探寻。

儿童作文也是儿童精神胚胎孕育的过程。当作文成为儿童心灵的流水轻吟时，透过那片言只语，那蛛丝马迹，都可以触摸儿童心灵成长的实态，并据此对儿童心灵施加有益的影响，让它朝着太阳的方向生长。在生长中，儿童不断吸收精神养料，不断吐露所思所感，在这样的"呼吸"中孕育着精神的胚胎。有一个故事，讲某农村学校的孩子，在粗糙的格子本上写了这样的作文："爸爸没有走时，他对我说，要好好学习，长大做个科学家。妈妈却让我长大后做个公安，因为她胆子小，我当公安了，她就什么也不怕了。如今爸爸走了，我不想当公安，也不想当科学家。我长大后，想做一只狗，天天守在家门口，因为妈妈胆子小，有我了妈妈可以睡个安稳觉，因为狗的胆子大。"透过这些言语，我们不难捕捉到儿童精神胚胎"炼狱"的过程。尽管这个过程有其偏颇，甚至不合常理，但我们要正视这个儿童精神胚胎孕育的现状，给予必要的心理疏导，而不要简单地呵斥儿童的想法，给他打个大大的"X"。因此，真正意义上的作文教学总是与心理辅导紧密联系在一起的。

但是，这里需要特别指出的是，儿童作文虽然是其精神胚胎孕育的形式之一，但是儿童精神胚胎的孕育是一个从形象到形象化的过程，绝不是抽象说理，硬灌概念或思想的过程。要防止将儿童作文引向"纯粹的思辨"和"纯粹的想象"。比如，让儿童看一个或者几个抽象的词语想象作文，或者在作文中谈大道理，甚至所谓的"儿童哲学"，这些都是需要反省的。

儿童作文：为种族文化的繁衍

诗人梁小斌在诗作《这是晚风》中写道："我提醒你/有一朵花从你脸上被撕走/要记住婴儿时期的笑容。"这里的"笑容"可以理解为儿童的生活、儿童的文化。儿童文化是人类文化中宝贵的财富之一，需要我们发掘和记录。

儿童作文，不仅本身是一种文化现象，而且也是记录和传递文化的窗口。因为文字本身是记录文化的重要形式。试想，如果天下儿童都不作文了，人类的文化还可能传递下去吗？因此，我们需要站在文化繁衍的高度来看儿童作文。

首先，儿童作文是一种文化的选择。英国诗人华兹华斯有一个著名的论断，"儿童是成人之父"。儿童的所作所为都直接影响到他成人后的思想和行为。儿童喜欢什么，不喜欢什么，喜欢怎样表达，不喜欢怎样表达，都是有选择性的。因此，从这个意义上说，儿童作文表达的独特性和倾向性，直接影响到种族文化的传承和繁衍。如果将几代人儿童时期的作文放在一起，一定会发现不同时期文化的特点，以及文化的繁衍过程。

其次，儿童作文也是一种文化的创造。比如，夕阳在他们笔下，可能是："夕阳是一个苹果，黑夜是贪吃鬼，一口就把夕阳吃掉了。"也可能是："太阳喝醉酒了，不小心撞倒山头，就倒在山头后面去了，于是，黑夜就出现了。"这让我们看到儿童眼中的斑斓世界，以及文化的倩影。古今中外也不乏儿童作文成为伟大作品的例子，比如骆宾王七岁写的《鹅》至今还被人们传诵。

阿兰·博斯凯曾写过这样的诗句："火的词句。我要诉说我的童年。"儿童是艳丽和热烈的。儿童作文如上所述承载着多种旨归，绝不仅仅与"写作文"画等号。我们当以此来反思作文教学！

19. 让孩子拥有孩子的写作

吴 勇

作为语文教师，我每天都能接触到形形色色的儿童言语。他们稚嫩而粗糙的文字，时常让笔者有一种心痛的感觉：原本应该柔美、丰盈、舒展的语言，在有些儿童的笔下变得那么生硬、枯萎、窘迫；原本轻松、自如、愉悦的表达，在有些儿童的心中变得如此压抑、煎熬、痛苦！当我们潜心走进儿童的写作生态，透过教学常态下种种的儿童"言语异变"现象，就能深切体察到儿童言语世界的尴尬和困惑，就能真切地触摸到儿童言语世界中伤痕背后的苦痛！

词语怎样找到自己的"家"

透过造句，对于儿童来说，其语言积累、生活积淀、语感能力等微观的言语状况无不展露无疑。遗憾的是，当下儿童的遣词造句能力非常糟糕，语义重复、搭配不当、成分残缺、标点错误、思想病态，无不显现出他们运用母语的水平低下。教学某版小学五年级（上）《师恩难忘》一文，文中的三个成语"娓娓动听"、"身临其境"、"引人入胜"，生动地描绘出田老师讲故事时的动人情景。笔者让学生用这三个词语写一段话，大约十分钟后，孩子们纷纷交上作业。读过去，让人有些瞠目结舌——

1. 语文课上，老师给我们布置了一个任务，这个任务就是让我们每个人上台把《珍珠鸟》的第四段读一遍。同学们个个读得引人入胜，该我了，我读得娓娓动听，同学们恍如身临其境，个个呆呆的。

2. 在演讲会上，小刚给同学们津津有味地讲故事，讲的是猴子吃瓜子。大家嘻嘻哈哈地笑着，仿佛身临其境。小刚非常兴奋，滔滔不绝，娓娓动听。故事讲完了，而同学们还在入迷呢，真是引人入胜啊！

3. 我小的时候，妈妈就买书读给我听，买的是杨红樱的《淘气包马小跳》。妈妈读得娓娓动听，好像身临其境，好像杨红樱的每一个故事都让人引人入胜。

文本虽然为儿童理解"娓娓动听"、"身临其境"、"引人入胜"提供了丰富而感性的语境，可是这三个词语一旦被儿童迁移"切换"到另外一个语境，言语便失去了应有的鲜活和连贯，变得异常生硬。在这言语迁移的过程中，到底流失了什么呢？这需要回溯到阅读教学的现状中来。词语教学，我们一直定位在"识记"和"解义"这两层目标上，很少带领儿童细细揣摩词语所在的语境，去感受词语在具体语境中生发出的独特意义和作用。就是这样片面而琐碎的教学，将词语从具体生动的语境中剥离出来，使其丧失了语境密码，成了一片片失去根基滋养的"落叶"。它们孤立而无着，即便能储存在儿童的言语皮层中，也是杂乱无章的；即便遭遇到合适的言语交际情境，儿童也不会自觉自如地运用。

我们让儿童造句，就是引导他们为词语"找家"；我们让儿童写作，就是引导儿童用词语去搭建一个充满生命意义的精神家园。所以在阅读教学过程中，对于词语积累，我们必须借助丰富的语境，使儿童对语意有一个整体的、形象化的、生活化的理解。对词语所在的语境，我们要引领儿童悉心揣摩，反复迁移，使词语在儿童的言语世界中烙上语感的"密码"。只有这样，词语才能在儿童的精神世界中驻足，才能在儿童的表达中自如"闪现"。

孩子的言语缘何远离生活

教学古诗《所见》，在读通诗句、领悟大意后，笔者要求学生将诗中所描写的画面具体写一写。尽管在理解这首诗的过程中，笔者借助课文插图，结合生活情境做了许多拓展性的铺垫，可是，学生们交上来的作业基本就是这首诗的大意——

> 一个牧童骑着一头黄牛，他坐在牛背上，放声歌唱，动听的歌声在树林深处回荡。这时，牧童看到了一只鸣叫的知了，就想去捕捉它。于是他停止了歌唱，静静地站在树旁。

这段文字没有张力、没有灵性，字里行间没有令人眼睛发亮的童言稚语。记得笔者的女儿上幼儿园的时候，笔者曾给她读过这首诗，她当时的提问笔者至今记得：

> ——什么是牧童呀？牧童是什么样的？
> ——牧童在唱一首什么歌曲呢？
> ——"林樾"是什么地方呀？那里有什么呀？
> ——牧童没有工具，他怎么会去捕蝉呢？
> ——牧童捕到蝉了吗？

当下的孩子只比当时的她大五六岁，可是他们再也不会问这么多问题了，甚至根本也不会去想这些问题了。现在女儿已经上六年级了，笔者问她，老师在教这首诗时，你问过这些问题吗？女儿很是不屑："谁会问这些小儿科的问题，如果我问了，大家还不会笑死？再说了，老师一路讲下去，即使我想问，哪插得上嘴呀？"笔者不由悲从心生：我的女儿已经没有问题意识，更没有想象能力！一个孩子，如果没有想象

力，他怎么会从这首诗中读出美，找出趣，读出一幅栩栩如生的画面呢？

儿童的心灵没有翅膀，笔下的言语自然不会"飞翔"。综观当下学生的习作，我们就会发现，原本非常熟悉的生活，在他们笔下变得直生生、冷冰冰；原本就是自己亲历的事情，可是一旦变成言语，就只剩下粗线条的勾勒，没有了细线条的渲染。我们明明教了那么多的比喻句、拟人句，明明在竭尽所能地丰富儿童的语言感性，培塑儿童的言语张力，可是，在儿童言语中为什么得不到应有的显现呢？我想，作为语文教师，我们应该思考自己的教育教学。在阅读教学中，我们留给儿童想象的空间了吗？无尽的琐碎问题，纠缠在方寸的文本之间，翻来覆去，儿童被教师的问题牵引得头昏脑涨，只有招架之功，没有还手之力。文本是烂熟于心了，可文本中言语灵性和言语空白却没有了；文本是理解了，可是思想的翅膀却退化了，追问的能力却萎缩了！

在习作教学中，我们把很多的工夫放在宏观的布局谋篇上，很少有时间关注微观的儿童言语表达。我们往往只要求语句的完整、准确，却很少顾及到言语的"生动形象"。想象力的培养，主要依靠想象作文的训练，网络中的"妖魔鬼怪"、"金刚斗士"占据了儿童的言语世界，可是寻常生活中花鸟虫鱼、衣食住行却难以融入儿童的言语生活。当儿童的想象力拘囿在血腥和虚幻之中时，心灵的宁静细腻、真诚悲悯就会丧失殆尽，他们不会有心思关注生命的细微变化，不会有心情去体察生活的美丽和多情。没有想象力，这该是一个怎样的童年呢？没有想象力的语言，就是被榨干汁液的果渣，只剩下满嘴平淡；没有想象力的童年，就像干瘪的种子，永远不会生长出丰硕的果实！

亲身经历一定带来文字丰盈吗

语文教师都有这样的体会：只要儿童亲历过的"活动"，在写作时难度就会大大降低，即使平时写作基本功很差的孩子也能写出四五百字，尽管语句有些"夹生"，但是活动的基本过程，活动中的愉悦心情还是能表达出来的。

但是，在这些以"活动"为支持的习作教学中，儿童能写了，是否就意味着教学的成功呢？当我们再翻翻他们的习作，就会发现，能写得精彩的孩子实在凤毛麟角。在他们的习作中，大多是活动过程的记叙，很少有生动的细节描写，偶尔有写得具体的地方，那也是千篇一律，基本上是例文影响的结果。在习作的结尾，似乎都有这样一句话："今天的活动实在太让我开心了，希望以后老师多搞这样的活动！"这样的言语表达，不仅是对活动本义的一种误解，更是对儿童言语个性的戕害！

不同的儿童，即使面对同样的活动，体验也不尽相同，可是他们的语言内容和语言呈现方式为什么会如此相似呢？仔细回顾一下活动组织过程，就会发现身处活动之中的儿童，并不是活动的主人，而是活动的奴隶！教师为了强调活动的"有序"和"有效"，总要炮制出一条条"友情提示"，看似很温馨，实质是"镣铐"，牢牢地锁住了儿童的思维和感官。在活动中，儿童尽管参与其中，但没有多少自由；儿童尽管有些快乐，但都是简单的快乐。如果将这样的活动经历转化成文字，自然是共性的陈述大于个性的感悟，自然是平淡的叙述多于细腻的描绘。文字的数量有了，但是没有质量。要让儿童写出丰盈而活性的文字，就需要让儿童过丰富而有意义的精神生活，那就是让儿童在活动的过程中有"创造"的轨迹——竭力解放儿童的感官和四肢，提倡有创意地玩，鼓励玩出花样，玩得与众不同！让儿童不仅做习作活动的参与者，更要做习作活动的创造者。当儿童身心得以舒展，创造的灵感就会油然而生，这时的文字如果是描写，就会具体生动；如果是抒情，就会充满智慧和情感的张力！

不关注"人"怎么能写好"人"

写人状物，是小学习作教学的基本内容，也是儿童重要的言语能力。在写人状物的习作训练中，教师往往把教学的重点放在"抓特点"上，认为抓住了人和物的特点，就能写好"人"，写活"物"。可是儿童的言语实践并非如此！在一次"猜猜他是谁"的习作训练中，便出现了这样的言语状况——

1. 他长着一头乌黑发亮的头发，剪的是小平头。大大的眼睛，明显的单眼皮，不高不低的鼻梁。他一生起气来，就会把嘴巴翘起来。考试的时候，他喜欢把笔放在太阳穴上摇啊摇，想到答案了，他会轻声说："嗯！"他呀，真是与众不同！他嘴巴小小的，一笑起来嘴巴上就有一个小酒窝，还常常露出两颗洁白的大门牙。他喜欢踢足球，他对我们说："有一次，我把球踢得老高，别人都吓了一跳，有许多人想拜我为师！"这也太夸张了吧！他常常穿着绿上衣，下面穿着蓝色的牛仔裤，猜猜他是谁？

2. 他和我在一个宿舍，他戴着一副眼镜，皮肤黄黄的，而且还是瘦瘦的。头发是短发，前面还留着头发（笔者注：可能是刘海儿吧）。他平时喜欢把手放在嘴里咬来咬去，做作业的时候还喜欢东张西望。他最大的特点就是喜欢讲一些搞笑的事情。他的个子也不高，长着一双葡萄般的眼睛（笔者注：不知葡萄般的眼睛是怎样的），而且是双眼皮。鼻子尖尖的，还长着一张樱桃形状的嘴，他对着我们总是一张灿烂的笑脸。他非常调皮，特别喜欢踢足球和上体育课，还有一点，他的外貌特别像我弟弟，一样都是一张瓜子脸，做事都很认真和踏实。

当学生分别读出这两段文字后，教室里没有出现跃跃欲试的景象，孩子们面面相觑，一脸茫然！尽管写作者都在努力开掘人物的特点，并且在不同程度上抓住了人物的特点。写作对象就在他们中间，和他们朝夕相处，可是呈现在言语中为什么会让大家觉得如此陌生呢？

透过这两段文字，我们可以清晰感受到作者的共同点，那就是都在"拼凑"——没有整体感，缺乏条理性，东拉西扯，最后凑成一个支离、模糊的人。这样的言语表达不是个别的偶然现象，而是当下儿童在同类写作中存在的普遍言语现象。由于教者在教学中竭力引领儿童"抓特点"，整体而鲜活的人被拆分成零碎而没有关联的"部件"，再加之儿童受自身思维和言语水平的制约，在言语表达过程中，这些有特点的"部件"怎么也凑不到一起，怎么也回不到它应在的位置，于是"人"的形象在儿童的言语世界中模糊了，消失了，剩下的只有"文"。儿童言语世界中的生命就是在这样的习作教学中消逝的！这种为文而文的习作教学方式，暴露出鲜明的"技术主义"倾向——教学视野中只有写作技术中的"人"，而忽视了生命世界中的"人"！

习作教学的重要资源是"儿童"——儿童的生活、儿童的实践、儿童的想象——应当成为写作的源头活水；习作教学的重要的方法依然是"儿童"——儿童的文化、儿童的哲学——应当在教学中得到充分的张扬。我们决不能用专业的写作标尺去衡量儿童的言语水平，更不能以经典的范文去规训儿童的言语方式。在儿童写作的起步阶段，我们在重视习作技能训练的同时，更要顾及到儿童的言语特征，在引领儿童走向"文"的目标的同时，更要注重写作过程的"人"的精神。否则，儿童收获的将是语言的躯壳！

"段"尚未具，何以成篇

最近，笔者观摩了一节题为"吹泡泡"的三年级习作教学公开课录像，教学设计比较到位，儿童言语表达也非常充分！可是有一个教学细节，比较值得玩味——

师：吹泡泡的活动有意思吗？

生：非常有趣！

师：怎样留住这个快乐的记忆呢？

生：把它写下来！

师：太好了！那么你打算写些什么呢？请把开头告诉小伙伴？

生：我想写"泡泡大战"。

师：可以用"我们的泡泡大战开始了"作为开头！

生：我想写自己是怎样吹泡泡的。

师：好，可以用"我的'泡泡站'开张啦"作为开头！

……

　　从师生的对话中可以看出，教师是想让学生在课堂上写一段话。可是 10 分钟后，在教师收上来的习作中没有一个写"段"的，写的基本都是"篇"，有题目，有事情的起因，有活动的过程，当然结尾大多来不及写。笔者感到非常纳闷：教师明明让学生用"总起句"写一段话，可他们为什么都在写篇呢？

　　从教师的指导行为来看，是合理合情的。说它"合理"，是因为三年级是习作起步阶段，习作课程的主要目标就是段的训练；说它"合情"，是因为这是一堂习作公开课，只有 40 分钟，需要将习作指导的全程展示出来，那么留给学生写作的时间也只能写一段。从儿童的写作状态来看，10 分钟后，完成一篇习作的儿童几乎没有，教师收上来的习作不是文不对题，就是过程简短、结尾残缺。

　　既然教学行为没有任何问题，那么问题只能是一个，那就是儿童的习惯性力量在作祟！因为这是一堂借班上的公开课，问题应当与上课教师无关。看来，一方面，在平时的习作训练中，原任课教师很少带领儿童进行"段"的训练，以致"段"的概念一直没有形成；另一方面，原任课教师对习作课程目标比较模糊，在习作起步阶段，就让儿童去做"长篇大论"。当然，部分儿童可能有这样的能力，但是从习作教学的长远目标来看，这样的训练会导致儿童习作素养的根基不扎实。

在武学中，非常注重"童子功"的训练，"段"的写作就是儿童必须经历的"童子功"，需要每一个孩子踏踏实实、步步为营，否则他们稚嫩的言语"翅膀"就会无法支撑起宏大的话语体系，无法适应未来的言语交往需求。在当下小学高年级，甚至更高的学段，有相当一部分儿童不会写作——言语没有条理，病句较多；言语不具体，不会描写。这就是没有练好"童子功"所带来的恶果。在写作的起步阶段，需要语文教师充分认识到"段"在儿童习作素养成长过程中的意义，把握课程标准，认准训练目标，揣摩习作教材，用心构建"段"的训练体系，让每个儿童的言语都有一个扎实的生长点。

为什么我们读不到"童言童语"

批改儿童习作，是语文教师生活中不可或缺的一部分。在笔者所接触的儿童言语中，很少读到诗人、儿童教育家盛赞的"缪斯语言"。这并不是笔者对儿童"缪斯语言"天性的怀疑，而是对儿童丧失"缪斯语言"天性的追问！

综观当下的习作教学现状，结合笔者的教学实践，有这样几种言语倾向和教学行为很值得我们语文教师去研究。

一是对非己的"言语图式"机械照搬。在习作教学中，教师指导儿童写作的主要参照是"例子"，其实意在"言语图式"的建构。"例子"主要来源有两种：一是教材提供的例文；二是教学现场中即时生成的例文。"例子"的主要意义在于将抽象的习作知识和技能形象化、具体化、可操作化，可是儿童对"例子"的关注点不在"意"，而在"形"上，以为"例子"，就是教师为他们提供的言语模板，写作就是按照模板格式进行言语填空。于是乎，一篇习作交上来，几乎每篇都似曾相识：布局谋篇大致相同，所写内容相差不大，渗透在字里行间的情感也惊人地相似，真是"形而上者谓之道，形而下者谓之器"。写作之

"器"比比皆是，而习作之"道"却成了蜀道之难！

二是对"好词佳句"生拉硬扯。当下的小学语文教学，非常重视积累，有学者称："积累"与"运用"好比"布云"与"落雨"，云层布得越厚，雨下得越大，无云决然不会有雨。笔者赞同这样的说法，但是觉得这样的隐喻有着机理上的缺陷，"布云"不是"落雨"的充要条件，其间还存在着一个儿童言语心理机制。在阅读教学中，教师对文本中的"好词佳句"非常推崇，让学生熟记得"不可误一字，不可少一字，不可多一字，不可倒一字"。在习作教学中，为了让儿童写得更加"出彩"，教师喜欢给儿童提供大量的"好词佳句"。可是在真正的写作过程中，这些"好词佳句"并不适合具体的语境，甚至与儿童的言语习惯有些格格不入。"好词佳句"的真正意义在于帮助儿童形成良好的语感，而不是在写作过程中生搬硬套，否则，"好词佳句"就像堆积在儿童脸上的浓厚的胭脂，只有外观的俗气，而没有内在的气韵。

三是对原生态的"儿童言语"缺乏认同。儿童的语言富有弹性，在表达过程中跳跃性大，有时与正常的言语逻辑并不合拍。正是这样的言语特征，使儿童习作的内容不够清楚明了，行文不够连贯。这样的行文风格让语文教师难以迁就，为了所谓的"通顺连贯"，于是痛下"杀手"——不明白的地方就"删"，不具体的地方就"添"，不妥帖的地方就"改"，于是一篇稚嫩的原生态童言，就在教师成人的言语体制下遍体鳞伤、奄奄一息。这样的举动，对教师来说，是理直气壮地维持"言语秩序"；对儿童来说，却是对本真言语自信的摧毁！这样的"精批细改"，让儿童无所适从，不知道该怎样去表达自己的思想了。经过几个轮回，儿童痛定思痛，从心底里认为自己的言语是丑的、错误的，只有教师的言语、书本上的言语才是美丽的、正确的。"童言"就是这样离开儿童言语精神的，就是这样离开童年生活的！

结　语

　　儿童不会用自己的话语方式表达，这不仅是儿童的悲哀，更是我们语文教师的悲哀！在习作教学过程中，我们有着许多习以为常的"惯性动作"，自以为这是"传道授业"，可是正是这些不经意的行为，改变了一群人的言语方式，扼杀了一代人的言语天性！今天，当我们再次面对儿童的习作，我们是否有心痛的感觉？

　　对习作教学来说，儿童言语中的"痛"是一种预警——让教师清楚地感知到儿童言语发展过程的真实状态，以便在教学中做出适当的调整，为儿童言语成长提供有效的扶助；它还是一份难得的教学资源——这份"痛楚"应当成为习作教学的生发点，更应当成为习作教学的延展点，它促使习作教学能有机地融入到儿童的言语生命和言语精神之中。笔者一直以为，真正有助于儿童言语生长的习作教学有着这样三个鲜活的隐喻：

　　儿童就是一棵向上的"爬山虎"。只要有植根的地方，只要有一面墙壁，只要有阳光和水分，就会不停地向上爬。习作教学就是要为儿童创造"爬"的条件，搭建"爬"的空间，教给"爬"的技能，只要稍加时日，他们就能营造出一片生机勃勃、绿意盎然的美丽风景。

　　童心就是一簇灿烂的"桃花"。习作教学就是一棵"桃树"，如果不让童心在课堂上闪烁，在习作中绽放，那么美丽和精彩就与习作教学擦肩而过。至于布局谋篇的知识和技能，那都是在如花的童心上自然舒展的"桃叶"，没有"桃花"的灿烂，纵然枝繁叶茂，也不会有秋天的累累硕果。

　　写作教学就是"蒲公英"的一次快乐旅行。每次写作，我们总是让孩子带着沉重的、明晰的任务上路，使他们无暇顾及四周的风景和内心的感受。其实写作可以像蒲公英的种子那样，看似"无为"，却很"有为"，将"有为"的训练目标潜藏在"无为"的活动情境之中，让儿童的感官在充分的自由的状态下，享受到写作的快乐！

20. 习作指导：本意在于唤醒

孙建峰

习作指导：本意在于唤醒

首先是唤醒童趣。最失败的教学，莫过于扼杀童趣。扼杀童趣，孩子编造鬼话；唤醒童趣，孩子盛产童话。故此，唤醒童趣比一味传授技巧更重要。童趣是可以唤醒的。唤醒童趣，当属不易，但，倾心倾情，则"不信东风唤不回"。"忽如一夜春风来"，是童趣被唤醒的美学表征；"千树万树梨花开"，是童趣被唤醒的诗意效果。

其次是唤醒童心。最不和谐的教学，莫过于游离童心。游离童心，教者的心与孩子的心则油水层隔。唤醒童心，第一位的是教者调整心态，回归童心。教者的童心一经回归，便可以和童心同步运行。

在一次考试中，一个男孩的语文得了 59 分。他找到老师说："您就再给我的作文加 1 分吧，就 1 分。求您了！"

老师说："我借 1 分给你。不过你可要想好啊，这 1 分不能白借，要还利息的，借 1 还 10，下次考试我要扣掉你 10 分，怎么样？要是觉得不划算就不要借了。"男孩咬了咬牙说："我借。"

结果，在后一次考试中，他的语文得了 91 分，扣掉 10 分，净剩 81 分。

试问，世上有哪一个高利贷者敢与这样充满童心的老师比收益？

再者是唤醒童真。最不人文的教学，莫过于践踏童真。

下面是二年级一个女孩的日记——

"奶奶，我害怕！"

"怕什么？"奶奶问。

"我掉了两颗牙！"

"不用怕！还会再长的！"奶奶摸着我的头说，"你爷爷的牙也掉了，只剩下两颗牙了。""爷爷的牙还会再长吗？""不会了！"奶奶摇摇头。"为什么？""爷爷老了。"

啊！人老了。真可怕！

老师批曰："结尾太消极，太灰暗！"于是红笔一挥，改为——

人老了，有什么可怕！爷爷虽然只剩两颗牙，可那是铁打钢铸的牙齿！

唤醒童心、童真、童趣，旨在守住习作教学的底线。习作教学的底线，是使得每个孩子不畏惧动笔，不讨厌习作，并善于用笔把"话"说清楚，"说"明白，旨在鼓励孩子自说自话。要摈弃假话、大话、空话、套话、成人话，不能不鼓励孩子自说自话。

想到一个故事：

有人举办一个鹦鹉演讲比赛。鹦鹉一一上场，只只能言善道、口若悬河，实在难分高下。

最后一只鹦鹉上场，它只说了一句话："呀！这么多的鹦鹉呀！"鞠躬而退。

那说了一句话的鹦鹉得了冠军。

原因很简单，所有的鹦鹉都是学人说话，只有那只鹦鹉说了自己的话。

唤醒童心、童真、童趣，旨在张扬孩子"个性"说话。"个性"说话，意味着创造性地说话，说有创造性的话。有位老师，引导孩子留心生活，每周都把孩子日记中有个性的话，张贴在黑板上：

——奶奶腰弯了，头发白了，牙掉了，可她的眼泪不老，烦恼不老，爱心不老。

——同桌经常穿新衣服，经常吃麦当劳，而我每天穿的是妈妈洗了又洗的衣服，吃的是妈妈烧的家常便饭。同桌有钱，我有爱。

——清明扫墓回来，我问爸爸，为什么在爷爷奶奶的墓前哭得那么伤心。爸爸说，我不能把坟里的爸爸还原成田间的一棵树头，也不能把墓里的妈妈还原成乡间的一缕炊烟……

作文指导要"瘦身"

缘于爆米花般的语言膨化，肥皂剧似的情节演义，作文指导日趋"臃肿"，作文教学的健康状况堪忧。因此，笔者呼吁：作文指导要"瘦身"，即指导环节要简约。其本义在于倡导教师自觉追求"一句话就能指点迷津，一个动作就能点石成金"的"导写"理想境界。笔者提供一则实践教例，以供同人们研讨与参考。

[**教例**]

"啪！"

课伊始，我出其不意地将一块湿漉漉的抹布倏地掷在了黑板上，黑板上立时诞生了一朵"水花"，"水花"瞬时舞蹈为一幅"水画"，"水画"磁铁般强烈地吸引着每一个孩子的眼球。

望着惊奇不已的孩子们，我相机诱导："此刻你们一定思绪翩翩，何不把看到的、听到的、想到的，随手写下来呢？"

三分钟，"一个动作"、"一种声音"、"一副表情"、"一句话"，最短的时间，最巧妙的手法，最"瘦身"的指导，我成功地点击了孩子们心灵的"鼠标"，激活了孩子们丰盈的想象。孩子们的思绪镜子反光似的旋即回应，语言春蚕吐丝般地绵延挥洒。20分钟之后，孩子们的作品异彩纷呈———犹如万千朵鲜花无一色同，万千朵彩云无一形似。限于篇幅，仅举一例。

水 花

上午第三节课，孙老师匆匆地走进教室，手里拿着一块湿抹布。只见他敏捷地把那"玩意儿"往黑板上一掷，刹那间，黑板上便盛开了一朵"水花"。同学们被惊呆了……

"咦？老师为什么这样？他这样做有什么用意呢？"正当我"丈二和尚摸不着头脑"的时候，孙老师微笑着说："请把你们看到的、听到的、想到的写下来，好吗？"

我双手托着下巴，两眼盯着湿抹布在黑板上"吻"开的"水花"，不禁陷入了沉思。那"水花"仿佛是一幅天气预报图，告诉我们今天可能会下雨。哦，黑板上的"水花"变了，变得像是一道飞流直下的瀑布，令我想起那天下午，外婆带着我去雁南山看到的那一道雄伟、壮观的瀑布……我还未来得及多想，再看看黑板，哎呀！"瀑布"消失了，只有几颗闪亮的"星星"（水珠）挂在那里。顿时，"一颗、两颗、三颗……"天真的数星星的声音便回响在我的耳边。去年八月十五中秋节那晚，我和表弟在我家后院里望着迷人的夜空，观赏着圆圆的月亮，数着天上的星星，品尝着富有情趣的月饼……外公、外婆在谈古论今，什么嫦娥、玉兔、吴刚、桂树……舅舅、舅妈在谈天说地，什么"十五的月亮十六圆"、"八月十五云遮月，正月十五雪打灯"……爸爸、妈妈陷入甜蜜的回忆，"问我爱你有多深，月亮代表我的心"……没等我从回忆中缓过神来，黑板上的"星星"就已消失得无影无踪了。

哦，我明白了，刚才我不由自主地想了那么多，这就是"联想"，当然也有"想象"，而这些联想和想象既是自己生发出来的，又是"水花"引发出来的，同时更是老师创造出来的。是老师给了我们想象的翅膀，是老师给了我们联想的空间，是老师给了我们飞翔的机会。

思 考

作文指导的"瘦身"，首先意味着目标简洁。沧海横流，只取一瓢。小猫钓不到鱼，因为它目标太多，蝴蝶要扑，蜻蜓要逮，青蛙也要抓，哪来那么多手脚？作文指导也一样，如果目标太多，审题、立意、选材、谋篇、布局，什么都要顾，说不准就成了猫兄猫弟呢。

其次，意味着"非指导性"。"非指导性"承认学生不是空着脑袋走进作文课堂的，他们起码带来了平时课内外积累的一切；"非指导性"不排斥写作过程中技能技巧的相机传授，但是，它更多地强调情感因素，强调情境的创设，强调此时此刻的情境直接进入学生的情感领域，成为学生写作的内驱力与催化剂，而不是单向地凭借一种理性的方式，力图重新组织情感。上述教例证明：沉浸在"非指导性"的情感氛围中，学生的习作常常以一种更快的速度、更加自然地进行，并且能更广泛地调动出学生平时的生活和知识积累，促成他们愉悦的写作行为。

再次，意味着巧引慧导。一根蚕丝怎样才能穿过千回百转的"迷路"—— 一个孔很细很细、曲曲折折的有机玻璃管？有的人说用一根细细的针，但这样的针哪里去找，即使找到了，谁又有本事不断地让它"委曲求全"？一根不会兜圈子的针，凭什么带领一根蚕丝穿过漫漫长夜一般的黑洞？也有的人说，蚕丝穿洞那是不可能的事情，更有的人说，蚕丝可以穿过去，但前提是把"迷路"切开……其实，大可不必，仅需一只蚂蚁就行了。把蚕丝拴在蚂蚁的身上，小小的蚂蚁就会像我们人类走大路一样，把蚕丝从入口带到出口。当然，如果在出口处放一块糖，蚂蚁就会爬得更快一些。

倘若把"迷路"视为学生作文的困境，把蚕丝看作需要解决的问题，"臃肿"的作文指导就像一头庞大的骆驼难以带着"蚕丝"穿过困扰学生习作的"迷路"，而"瘦身"的作文指导不正是一只巧引慧导，最终使难题迎刃而解的小蚂蚁吗？

21. 指导学生写好想象作文

聂在富

《语文课程标准》（实验稿）指出，"要鼓励学生写想象中的事物，激发他们展开想象和幻想"。这对于全面提高学生的语文素养，特别是提高表达能力、发展思维能力和创造精神，具有十分重要的意义。如何正确认识并指导学生写好想象作文，是一项新的研究课题。

想　象

想象是一种智力活动，它是通过形象思维在头脑中创造出现实生活中不存在的新形象的心理过程。我们听了别人的口头或文字的描述，可以在头脑里创造出未曾见过的沙漠、草原、雪山的形象以至异国风情；吟诵着"大漠孤烟直，长河落日圆"的诗句，一幅塞外落日的壮美图画便会历历如在目前；作家能塑造出鲜活的艺术形象；音乐家能谱写出动人的旋律；小学生为了表达自己的愿望，可以让树木、桌椅等像人一样有情感、会说话，也能让自己长上翅膀自由飞翔……总之，凭借想象，人们可以在头脑里创造出无限新奇美妙的新世界。

想象作文

想象作文，是同"纪实作文"相对而言的，通常是指学生运用想象写出的文章，它是由想象出来的一系列相互联系的画面构成的整体，通篇运用想象的手法，不同于局部具有某些想象成分的作文。

进行想象作文，同纪实作文一样，可以培养学生的表达能力，另外，还具有发展想象能力和创造能力的独特优势。形象思维是低年级儿童思维的主要形式，他们常常要借助想象来理解现实生活；中高年级学生抽象思维能力有了很大发展，但是他们仍然具有乐于想象、善于想象和追求新奇的特点，具有独立创造的强烈欲望，希望能凭借自己创造的艺术形象来表达内心的愿望和爱憎情感。因此，进行想象作文是顺应学生心理特征、深受学生欢迎的一种习作训练形式。这样的习作训练形式，有利于引导学生说真话、表达真情实感，能够为学生的自主写作开拓更加广阔的空间，为他们展示自己的创造才能、进行有创意的表达提供更多的机会，使他们的想象能力得到更好的发展。

想象能力是智力的重要组成部分，一切创造性劳动都离不开想象能力。俄国教育家乌申斯基说："强烈的活跃的想象是伟大智慧不可缺少的属性。"爱因斯坦说："想象力比知识更重要，因为知识是有限的，而想象力概括着世界的一切，推动着进步，并且是知识进化的源泉。"实施素质教育，强调以培养学生的创新能力和实践能力为重点，想象能力是创新能力的主要内容之一。引导学生写好想象作文、通过想象作文发展学生的想象能力是小学语文教学实施素质教育的一项重要措施。

想象作文的种类

想象作文，按照取材和样式的不同，大致可以分为四种类型：

一是理想型想象作文。通过对自身能力和未来的想象，表达自己的生活理想，如"假如我会飞"、"假如我是老师"。

二是幻想型想象作文。通过对未来和外层空间的想象，表达对人类未来的美好憧憬和向往，如"未来的住宅"、"太空旅行记"。

三是童话寓言型想象作文。通过拟人化的动物或植物故事，表达对诚实、善良、勤劳、勇敢等美德的赞颂，对虚伪、奸诈、贪婪、自私等丑行的鞭挞，如"小山羊和小公鸡"、"老槐树和小槐树"。

四是再创造型想象作文。通过对故事的改写、续写等表达学生对原作的理解，抒发他们对原作中人物命运的关心，如为《凡卡》、《穷人》等课文写续篇。具体方法有：

①情节扩展：如《凡卡》中有这样一句话："这个礼拜，老板娘叫我收拾一条青鱼，我从尾巴上弄起，她就捞起那条青鱼，拿鱼嘴直戳我的脸。"要求学生以"无故挨骂"为题，从人物神态、动作、对话、心理活动四个方面进行想象，要突出老板娘的凶狠毒辣和凡卡的可怜无助。

②结尾延伸：《穷人》结尾："你瞧，他们在这里啦。"启发学生想象：渔夫会怎么说、怎么做？桑娜心情现在怎么样？

③古诗改写：把古诗译写为现代汉语散文。如学习古诗《塞下曲》后，可引导学生想象，对主人公李将军的外貌、神态、语言、动作等方面进行描写，改为一篇传奇故事。

想象作文的指导

1. 首要的工作是丰富其想象，帮助他们打好想象作文的基础

现实生活是想象的源泉。老一辈语文教育家叶圣陶先生说："想象不过把许多次数、许多方面观察所得的融为一体，团成一件新鲜事罢了。"

想象是在过去的感知材料，即心理学上称之为"表象"的基础上形成的。没有见过大雪和冰冻的人，不可能想象出北极的景象；没有见

过山洞、瀑布、猴子和果树林的人，不可能描绘出花果山水帘洞的仙境。学生头脑里的表象积累越充实，想象的空间就越开阔。丰富学生头脑里的表象积累要靠生活实践。教师应当积极组织学生参加丰富多彩的实践活动，如参加各种公益活动，到博物馆参观，到风景名胜区游览，访问模范人物等，还要引导学生勤于观察、善于观察，正确地利用电视和电脑网络获取信息。总之，要有强烈的课程资源意识，努力开发、积极利用自然、社会、人文等多种语文课程资源，丰富学生的生活，增加他们的表象积累。

2. 通过课内外阅读促进学生想象能力的发展

通过课内外阅读促进学生想象能力的发展，也是帮助学生打好想象作文基础的一项重要工作。在课内外阅读中，教师要引导学生对作品中的人物形象、景物情貌和作者心境展开想象，在头脑里再现人物的音容笑貌和一幅幅社会风俗画或自然风景画。在进行看图学文、看图作文的教学时，也要引导学生充分想象，并用自己的语言把想象的情境表述出来。

3. 丰富学生的语言积累，学习基本的表达方法

想象能力是写好想象作文的基础，但想象能力还不等于想象作文的能力。想象是在头脑里进行的，而想象作文则要把头脑里的想象用书面语言表述出来。想象作文同一般纪实作文一样，也需要语言材料和表达技巧。因此，教师还要引导和帮助学生丰富语言积累，注意积累课文中的优美词语、精彩句段，以及在课外阅读和生活中获得的语言材料，并尝试在习作中加以运用。要在阅读和习作教学中引导学生初步领悟并学习运用文章基本的表达方法。

4. 引导学生搜寻想象作文的选题

启发引导学生搜寻想象作文的选题，具有开拓思路、扩大视野的作用，是指导学生写好想象作文的一项具体的、富有成效的工作。教师可

以多角度地启发引导学生思索选题的范围，选定具体的题目，如：

从时间角度考虑，启发学生对人类的未来展开想象，从未来的地球、未来的住宅、未来的食物、未来的交通、未来的通讯等方面选取具体的想象作文题目，如，"会行走的住宅"、"外星不再遥远"、"地球处处是绿洲"等。

从空间角度考虑，启发学生对异地、异国或太空、海底的情景展开想象，从已经了解的风景名胜、异国风情以及对于月球等宇宙空间的认识等方面选取具体的想象作文题目，如，"我想象中的西湖"、"桂林山水梦中游"、"我来到了威尼斯"、"登月日记"、"嫦娥下凡"、"海底畅游记"等。

从自身角度考虑，启发学生对个人的能力和未来展开想象，从对人体器官的功能、对职业和事业的向往等方面选取具体的想象作文题目，如，"假如我有翅膀"（千里眼、顺风耳、飞毛腿、万能手）、"假如我是一名法官"（宇航员、科学家、县长、市长）、"20 年后在母校相会"等。

从动物和植物角度考虑，启发学生根据动物植物展开想象，从动物植物的生活习性或形态特点以及它们同人类的关系等方面选取具体的想象作文题目，如，"贪睡的小猫咪"、"蚂蚁和蝉"、"老树的叹息"、"骄傲的公鸡"、"早起的小鸭子"等。

还可以从课文角度考虑，启发学生为那些给读者留下想象空间的课文写续篇，如，《凡卡》、《白杨》、《爸爸和书》；把古诗改写成散文，如李白的《静夜思》、王之涣的《登鹳雀楼》；也可以从日常用品、人体器官等方面考虑，如，"课桌的诉说"、"鼻子和嘴的争论"等。

想象作文虽然不同于纪实作文，但想象不等于胡思乱想，更不能胡编乱造。它同纪实作文一样，要求学生说真心话，表达真情实感。想象作文虽然具有许多优越性，但毕竟只是许多练笔方式之一种，不应当用得太多，特别在高年级，更应当根据大纲的精神和教材的安排适当运用。

22. 在生活的阳光里绽放

施建平

长期以来，写作教学一直是语文教师颇为烦心的事，作文也常常令许多学生感到头疼。为什么这个问题一直没能解决好呢？我觉得主要是因为我们许多教师总是将作文教学的着力点放在写作方法、技巧的指导上，总是将作文水平单纯看作是语言文字的问题，没有使作文真正贴近生活，融入生活。这就使作文成了一种机械的、枯燥的、苦恼的事。为了改变这状况，我们进行了情境作文的探索，将作文"镶嵌"在丰富多彩的主题活动中，"浸泡"在浓浓的生活"汁液"里，用生活的方式写生活，使作文真正成为由内而外的、灵动的东西，成为生命历程的表达，从而使生活、育人、写作融为一体。下面以春夏秋冬四季为主题开展的活动为例，谈谈自己进行情境作文实验的几点感受。

将平常的日子磨得光光亮亮

教师的作文指导一般都是从作文课开始的，而我们将作文指导的起点前置，延伸到学生的生活中。这样不仅解决了学生最为苦恼的缺乏习作素材的问题，而且培养了他们发现生活中的美的意识和能力，为他们的童年生活着上了艳丽的色彩，将平淡而乏味的日子打磨得光光亮亮。

　　春天是个多彩的季节。四季中，春天往往带给人更多的惊喜，让人产生更多的憧憬，因而，也成了人们最爱描绘、最想赞美的季节。我组织学生开展了"相约在春天"的系列活动。

　　春天刚来到时，带领学生去探寻春的足迹。伴随着《春天在哪里》的歌声，学生走进大自然，去观察、发现春天到来时自然界发生的细微变化，去拜访春天的使者——迎春花，去植物世界中找寻报春的嫩芽。同时，让学生开动脑筋，想想用什么样的方式来向春天问好，以表达我们对春的期盼。

　　同学们有的以放风筝的方式，说迎接春的来临；有的做了架小小的风车，手持风车迎着初春的风儿奔跑，说与春姑娘相迎；还有的折了纸飞机，用尽气力将纸飞机甩出，说当飞机折返时，其实已将春姑娘接回。

　　在春意渐浓时，我带孩子去拜访春天，拥抱春天。带他们到郊外看金灿灿的油菜花，看粉红的桃花，看婀娜的垂柳……让学生充分感受春的多姿多彩，春的无限生机。春天也是鸟儿叫得最欢的时候。我让学生带上录音笔、MP3，到郊外的树林里倾听、辨识鸟儿的鸣叫，品味这飞翔的音符。

　　"沙沙沙"，下春雨了，我带学生静静地聆听雨点落在树叶间、小河里、池塘中、泥土上发出的声音，聆听春的倾诉，和春天进行心与心的交流，从中感受春的韵味。

　　春天也是播种的季节，我组织学生开展植树活动，播种绿色，美化家乡；开展"我是小花农"的活动，每人栽一盆花，美化教室和校园；开展养护公共绿地的活动，让他们每个人都成为护绿小天使……

　　在春天将要离去的时候，我让学生想想怎样才能将春天的脚步留住。同学们有的采集鲜花制成干花，说让春天的花儿不再枯萎，永远开放。有的还将昆虫与花草的标本组合在一起构成一幅春天的图画，说这样他们心中将会永远春光无限，春花烂漫。

　　春天的系列活动，使学生充分感受到了春的阳光、春的温暖、春的魅力、春的力量，感受到一种最本质、最根源的快乐。他们将在春天里经历的一次次给自己带来惊喜的生命旅程都化作了色彩斑斓的诗篇。他们将春天留在了脑海里，留在了笔下，也留在了心间。在这个春天里，他们的身体和心灵一同"拔节"，共同成长。

将生活的滋味品得悠悠长长

缺乏真情实感是学生作文中的顽症。产生这一问题，有的是因为学生对所写的内容不熟悉，没有经历过，但有时我们也发现，对于参与或经历过的事情仍有不少学生写不出真挚的情感来。其中自然有语言表达能力的问题，但我觉得更多的是因为年龄特点。这些学生参加活动时只是热衷于玩，没有细致入微的体察，没有深入心灵的触动，观察也就蜻蜓点水、走马观花。为改变这种状况，我们强调优化情境，调动学生的情感体验；强化现场指导，引导学生发现、品味生活中蕴藏的乐趣。

夏日是一个热情的季节。为了让学生充分感受夏日特有的魅力，我组织学生开展了"七彩夏日"主题活动。

烈日炎炎的午后，我带学生踏上校园旁清凉的竹间小径，让他们置身于一个青绿的世界中。这时，他们的身旁到处是竹，到处是绿。我引导他们细细地感受进入竹林时那股沁人心脾的快意。接着，让他们在林中的竹椅上坐下，在沙沙作响的竹叶声里，打开一本爱读的书。此时，他们那颗因酷热而躁动的心开始平静下来，渐渐进入了书中那诱人的境界。活动后我让学生把夏日竹林的景色、在竹林里的感受以及读书的乐趣写下来，我想那一定会成为他们童年生活中绿色的回忆。

盛夏是荷花满塘的时节，塘里的荷花竞相开放，满池的荷叶翠色欲滴。我带学生走近荷塘，采了几张荷叶给他们轮流顶在头上当草帽，让他们脱下凉鞋，光着脚丫轻轻地踩踏在塘边的石板上。清凉的池水漫过脚背，多么惬意！学生用笔记下了这夏日的荷塘，记下了这份带有花香的清凉的记忆。

由赤脚踩石板，我想到何不让学生当一回"赤脚大仙"，来一次真正的"脚踏实地"呢？于是，我让学生赤着脚在校园里的各种地面上走一走，跑一跑，学生分别赤脚试着在水泥地、石头地、人造草坪、鹅卵石小道、沙坑等地面上行走，让小脚丫亲吻大地，体会不同的地面带给人的不同感觉，丰富的感受带来了精彩的习作。

夏日的天说变就变，我带学生观察天气骤变的过程，感受突如其来的狂风，滚滚而来的乌云，隆隆的雷鸣，瓢泼的大雨。夏日的雨急促而短暂，一会儿，雨过天晴，一道美丽的彩虹便出现在学生面前。此时引导他们细致地观察、感受彩虹。从彩虹中他们发现了太阳的红色，朝霞的橙色，迎春花的黄色，小草的青色，海洋的蓝色，牵牛花的紫色……发现横跨在天际的彩虹，跨过了屋顶，跨过了柳叶，跨过了滴水的草尖，跨过了注满雨水的蓓蕾……过了一段时间，彩虹慢慢消失了，融化在了天空中，也融化在了每个学生的心里。同学们用笔记下夏日的骤雨，绘出夏日的彩虹，唱出夏日的情怀。

夏日里的体验活动成为孩子们童年里永久的记忆。在这个夏日里，学生发现并品尝到了属于自己的那份诗意的、幸福的生活，并用笔留下了那份好滋味。

将想象的翅膀展得宽宽广广

是否拥有文学的眼睛和飞翔的心灵是表达能否自然灵动的关键，而这种能力则需要我们在平时的活动和写作指导中激发和培养。

落叶是秋天的精灵，是秋天的宠儿。在秋末冬初，我以"飞入心间的落叶"为主题，引导学生与落叶进行了一次亲密接触。

我带领学生迎着秋风，踏着铺满落叶的小道来到郊外了解落叶、感受落叶、体悟落叶，并展开丰富的想象，用笔记下了这进入眼里、飞入心中的落叶。首先映入大家眼帘的是那片艳丽的枫叶。在满眼枯黄的秋景中这一片红显得那么抢眼，那么热烈。我指导学生由远及近地观察红枫，并展开联想。同学们想到灿烂的霞光、跳动的火焰；想到了枫叶如同一枚枚邮票，邮来了秋天的凉爽；想到了唐代诗人杜牧"停车坐爱枫林晚，霜叶红于二月花"的诗句……学生边观察边思考，枫叶这朵燃烧在金秋里的火苗点燃了他们的心，使他们感受到了枫叶所传达出的鼓舞、激励和力量，当然，枫叶也点燃了他们的写作灵感。我们站在树下观赏落叶飘飞的情景。一阵秋风拂过，树叶如翩翩的蝴蝶一般飘下来，轻盈、自如、优雅，我启发学生与落叶"对话"，想象有关落叶的故事。顿时，这些秋叶在学生的眼里活了起来。

他们的脑海中迸发出无数的奇思妙想，同学们有的想编"最后一片秋叶"的故事，讲述树上最后一片秋叶为什么不肯离去；有的想编"落叶的梦"，讲述落叶梦中的愿望、向往和期盼；有的想编"落叶和大树"的故事，因为树叶离开大树妈妈时有说不完的话；有的想编"秋叶和春芽"的故事，因为由枯叶他们想到了春天的嫩芽；有的想编"落叶和草虫"的故事，将秋叶和枯叶与蝶、蚂蚁等小动物联系了起来；有的想编"秋叶与果实"的故事，因为正是树叶长期吸收阳光，才孕育出了秋天的果实；有的想编"秋叶比美"的故事，说是比比到底谁是最美的秋叶；有的想编"枫叶传奇"，用童话的方式讲述枫叶红得如此艳丽的原因；有的想编"枫叶的自述"，让秋叶讲述自己的成长故事；有的想编"小小树叶船"的故事，讲秋叶飘落在小河里后一路上的奇遇……

然后，我又让学生捡拾一些形状、色彩各异的落叶，完成一幅树叶贴画。同学们有的根据某个自己喜爱的童话作了一幅"故事画"；有的边贴边想象，当场构思故事情节；有的根据古诗诗句作了一幅"诗画"……他们记下了自己作"画"的过程，写下了这篇别具一格的"看图作文"。这样的"图"配上这样的文，成为他们童年美好生活的见证。引导学生在秋日里用心去观察，去感悟，去想象，于是，在他们的眼里，所有的叶片上都写满了故事，他们发现了无数隐藏在落叶中的秘密，这些来自生命的美好想象是最可宝贵的。

在这个金色的秋日里，孩子们在用手捡拾落叶的同时也用心捡拾到了人生的宝藏。

将生命的历程叙得芬芬芳芳

真正的写作是一种进驻内心的过程。要让学生的习作成为心灵的表白，必须引导他们充分感受生命的蓬勃与美丽，获得心灵的感悟和思考。

冬日以它的宁静、沉稳展现着它特有的风采。为了让学生充分感受冬的魅力，我组织学生开展了廊上聆听天籁，静观落雪。

于是，雪引发了他们的思考。学生从雪中获得了许多人生的启示。有的说，雪像天使的翅膀一样洁白，像婴儿的心灵一样纯洁，它铺天盖地而来，无私地庇护万物，而后，悄无声息地融化，孕育着一个绿色的春天；有的说，雪如一位勇士，虽然风是冷的，是猛的，但雪花是无畏的，自从它在云层中跳出，就在尽力寻找落处，努力使自己不被风吹得太远；有的说，雪能净化人的心灵，雪能洗涤世界的污秽，雪能把一切丑恶都融于它的纯真之中……雪滋润着孩子的心田，纯洁了他们的心灵，使他们懂得怎样做一个纯真勇敢的人。

雪后，我带孩子走进校园附近的一座梅园踏雪赏梅。临近梅园时，我让学生深深吸一口气，感受那股直沁心肺的清香。来到腊梅树前，我引导学生细细观赏那纤细的枝干上绽放的无数金雕蜡刻般的黄色花朵，再让学生环顾茫茫雪地。这时，他们发现那些在春天里盛开的花儿早已踪迹全无。而梅花，越是寒风凛冽、冰雪凌厉，它越是在枝头怒放，灿烂芬芳。由此他们发现，梅以自己顽强的生命力，为冬天点缀了鲜艳的色彩，给人们带来了淡雅的幽香，使人们在冬天里看到了无限生机。踏雪赏梅，让他们发现每一树梅花都是一树诗。

冬天里，我总爱让学生在屋里养一盆水仙。入冬时节，他们发现，水仙长出了新叶，叶子柔韧狭长，碧绿如翡翠，嫩绿的花茎从叶丛中挺拔而出，顶着含苞欲放的花蕾，傲然直立，优雅俊俏。春节前夕，五六朵小花从花苞里相继跃出，白瓣黄蕊，就像玉盘托着一个金色的小碗。他们发现虽然水仙花亭亭玉立，美丽非凡，被人们称作"水中仙子"，但它却只需少许清水、数颗鹅卵石即可生长。他们还发现，水仙以自己的生命报春给人们，而到春色盎然之时，它却悄然离去……

"暖冬行动"则是我组织学生开展的另一项活动。在冬天来临时，我组织学生提上石灰水桶，手拿刷子，为那些新村里、道路旁无人管理的树木穿上白"外套"。带领学生走进新村里孤寡老人的家，给予他们力所能及的帮助。严冬里的暖流，不仅让需要关怀的人感到了温暖，也使学生在送温暖的过程中获得了快乐与满足，获得了精神上的提升。于是，同学们懂得了，冬天从表面上看既无"春之花"，又无"秋之实"，但在荒凉的土地上，却埋藏着生命的种子；在枯瘦的枝条上，却沉睡着绿色的嫩芽；在冰冷的躯壳下，却涌动着温馨的暖流。

写作其实就是一种发现。在这个冬天里，学生用自己的眼睛发现了冬的贫瘠与丰富、冷峻与温暖，发现了冬日丰富的意义，而这种对生命的感悟使习作具有了某种质感。

情境作文将喜爱生活、喜爱写作作为目标，将贴近生活、贴近心灵作为策略，将表达生活、表达心灵作为重点，将写作交给生活，将生活引入内心，从内心出发进行表达，用文字将生活定格，并"储藏"起来，继续拥有，从而使生活的滋味更醇厚，更温热，更美好，使学生的性情、心智和灵魂得到了锻造。

总之，情境作文使作文充满了生活的阳光，使童年成了每个孩子生命中最美的风景。

23. 言语表达与阅读积累

徐　鹄

　　作文，是用自己的语言表达自己的思想。作文是学生各种知识、各种素养以及思维能力、语文能力的综合反映。一个人要想写好文章，不但要有自己的认识、见解和情感，还要掌握足以表达自己思想的语言和方法。现实的小学语文教学中，存在一种奇怪的现象：阅读教学不注重语言积累，不研究如何表达，到了作文课却一味强调学生的语言表达要"准确"、"生动"。这样的要求怎么可能达到？

　　表达依赖于积累，作文离不开阅读，千万不能在阅读课上不管写作、作文课上不联系阅读。

语言积累要在阅读教学中完成

　　我们认为，语言积累只能靠阅读教学（包括课外阅读）完成。

　　第一，那是因为作文是学生学习运用语言来表达自己的思想，作文课主要用来练习表达，而不是学习语言。如果到了要用的时候才来学习语言，才来教写作技巧，显然为时已晚。

　　第二，小学高年级一学期有 108 节课，其中作文指导只占 16 个课时。试问，16 节作文指导的时间，我们能够做点什么？如果作文指导课上既要传授写作知识，指导写作方法，又要组织各种活动，开拓学生思路，还要保证学生练习表达的时间，哪里来得及？

第三，我们知道语言知识本身是有前进路线的，从字到词，到句，然后是段，再进入篇章，是有其自身的发展规律的。学生在作文教学中是学不到这些系统的知识的，他们只能从阅读教学中逐步获得。

当然，阅读积累除了语言积累，还包括知识的积累，认识的积累，思想的积累，情感的积累。在阅读的过程中积累知识，提高认识，丰富感情本是题中之义，分内之事。阅读教学中，只要抓住关键词语，读懂每一句、每一段，文章所表达的思想内容自然也就能够掌握。因此，阅读教学应当始终瞄准语言，把教学重点放在研究文章的表达上，教学流程设计要有利于学生的语言积累，这样，才能为作文打好扎实的基础。

例如，我们在教学《美丽的丹顶鹤》一课时，作了如下设计，努力把语言的学习积累落到实处。

①在事先不接触课文的情况下，出示图片，让学生说说丹顶鹤是怎样一种鸟。

②初读课文，把握字词，了解课文是怎样介绍丹顶鹤的。

③学习课文第 2 自然段。读读议议：丹顶鹤的外形美在哪里？作者是怎样写出它的美丽的？抓住"一身洁白"、"脖子和翅膀边儿却是黑的"、"它的头顶就像嵌着一颗红宝石，鲜红鲜红的"等语句，引导学生体会丹顶鹤外形的美丽，同时积累描写颜色的词语。

④学习第 3 自然段。研究作者写了丹顶鹤哪几种姿态，是用怎样的句式表达的。通过朗读体会丹顶鹤姿态的美丽和高雅。学习并积累四个词语：引吭高歌、展翅飞翔、三五成群、无忧无虑。认识并积累句式：不论……还是……都……

⑤学完课文后，要求学生吸收课本中的词语和句式，补充自己了解的内容，重新组织语言，向父母介绍丹顶鹤。

教学中，我们始终瞄准课本的语言，在学习语言、积累语言上下工夫。如果阅读教学都能朝着这个方向努力，积累语言的任务就能在阅读教学中得到落实。

语言积累的基本内容

语言积累包括字、词、句、段、篇的积累，文章表达方式和技巧的积累等。这种积累应从一年级开始。根据教学内容的不同，各年级积累的内容亦各有侧重。

一、二年级，重在字、词、句的积累。

字的积累。识字是小学语文教学第一位的任务，是进入阅读的前提。没有一定的识字量，阅读、作文都要受到拖累。

词的积累。包括生字词和熟字组成的新词。一个人掌握的词汇量越大，知识越丰富，作文时选择的余地就越大，语言表达能力就越强。

词语积累要做到归类整理、分类积累。分类可以从粗到细，逐步发展。例如，描写颜色的词语，低年级时已经出现很多：金黄、碧绿、火红、洁白、金灿灿、绿油油、红艳艳、黄澄澄、金光闪闪、五光十色、碧绿碧绿、雪白雪白……再把写"绿"的词语集中起来：碧绿、翠绿、青绿、墨绿、浅绿、嫩绿、绿油油、翠生生、绿得出奇、绿得发亮……

如果学生把这些词语都学到手，他们头脑里的词语将会有多么丰富！

句的积累包括基本句式和常用句式的积累。一个人无论是叙述一件事，还是一种感情，都要把话说清楚，让人听明白。要说清楚，就要把话说完整，说通顺，说得符合语法、合乎事理。这是说话、作文的基本要求。如果能在阅读中注意积累一些常用句式，并化为自己的语言，就能把话说得更具体、更生动。

①荷叶圆圆的，绿绿的。

②天那么高，那么蓝。云那么多，那么白。

③小壁虎爬呀爬，爬到小河边。

④小白兔走着走着，发现草丛中有一个大南瓜。

⑤丑小鸭望着洁白美丽的天鹅，又惊奇又羡慕。

⑥原来我不是丑小鸭，是一只漂亮的天鹅呀！

中年级，继续积累词、句，重点进行段的教学，积累常用段落。

段，可以看作篇的雏形。小学生若能够读懂一段话，写通一段话，再读懂一篇或写好一篇就不难了。

课文中常用的段式有承接、并列、因果、总分、先概述后具体等。

《爬天都峰》，按事情发展顺序写"我"和老爷爷互相鼓励，终于爬上峰顶，是一种承接关系。

《富饶的西沙群岛》从第2自然段起，从海面、海底、海滩、海岛几个方面具体写出西沙群岛的富饶和美丽。这几个自然段之间，是一种并列关系。写海面的那个自然段，先说海水显出种种色彩，再说它的原因，是因果关系的段式。写海岛那一段，先总起，后分述，属于总分结构。

《翠鸟》一课写翠鸟行动敏捷那一段，先概述翠鸟比小鱼还机灵，再具体叙述它捉鱼的动作有多快，是典型的先概述后具体的表达方式。

如果学生在阅读中掌握这些基本段式，到了作文课，就有可能自由选择，灵活运用。

高年级，重点积累最基础的篇章知识，学习布局谋篇的本领。诸如文章的中心与材料、情节与结构、过渡与照应、开头与结尾等，都要通过阅读分析和相关的操练，让学生有所接触，有所认识，获得体验。

语言积累的基本方法与形式

语言积累主要是在阅读教学的过程中完成的，语言积累的基本方法主要有以下几种。

1. 朗读、背诵

语文教学的每一个环节都离不开朗读。朗读不但能加强对课文内容的理解，有利于语感的形成，也是积累语言的基本方法。优美的语言、生动的句段要反复朗读，熟读成诵。要让学生通过朗读和背诵，把书本中优美的语言化为自己的语言，让美好的语言在自己的心里生根。

2. 读书笔记

学写读书笔记，要从二年级开始。可以从摘录自己喜欢的词语、句子起步，懂得积累自己的阅读收获。以后逐步提高要求，逐年进行系统的训练，把写读书笔记作为阅读积累的重要途径和方法。教师要帮助学生寻找语言表达的某些规律，提炼最精彩的内容让学生积累。教师更要启发学生自主积累。学生要养成良好的习惯，自觉地定期进行归纳整理，实行分类积累，并写进读书笔记。如同样写"水"，有河水、溪水、泉水、湖水、海水、瀑布、雨水之分。"雨水"，也有春雨、秋雨、阵雨、雷雨、暴雨的不同。把书本中描写这些不同的"水"、不同的"雨"的词语分别整理、摘录，就能不断丰富自己的词语。其他，如运用各种修辞手法的句子、不同的开头、不同的结尾等，都可以经过分析、比较、归纳、整理，加以积累。

3. 组织语言操练

语言要在运用中掌握。组织语言操练，就是为了把书本上精美的语言经过实际运用，内化为学生自己的语言，成为他们的财富。这是积累语言最有效的方法，也是完成作文基本功训练的主要途径。操练的形式很多，这里列举几种。

（1）仿写句子

例：要是能采几朵浪花带回家，那该多好啊！

要是_____，那该多好啊！

蚂蚁很高兴，因为他帮助了小鸟。

_____很_____，因为_____。

（2）迁移、拓展

例：小壁虎爬呀爬，爬到小河边。

要求学生选择"走呀走"、"想呀想"、"找呀找"……再写成句子。

（3）先根据课文内容填空，再写句子

例：杨梅先是_____随后_____，最后几乎变成黑的了。

_____先是_____，随后_____，最后_____。

（4）根据课文内容写话

例：学完《童年的朋友》，用"我和小熊是形影不离的好朋友"开头，写几句话。

（提示：用上"吃饭的时候……睡觉的时候……"句式）

（5）写段练习

例：学完《富饶的西沙群岛》，用先总起后分述的方法，写一段话。

学完《安徒生公园》，任选一幅安徒生公园的图片，为它配上一段说明。

（6）综合运用

例：提供30个平时积累的动词、形容词，要求用上5个适当的词语，写一写课间活动的情景。

（7）语言重组

例：学完《大熊猫》，选择自己感兴趣的有关大熊猫的知识，以第一人称写一篇《大熊猫的自述》。

（8）场面描写

例：学完《鸟的天堂》，联系自己经历过的场面，用"应接不暇"写几句话。

（9）动物描写

例：学完《装满昆虫的口袋》，摘录课文描写昆虫的语句，描写一种自己感兴趣的昆虫。

（10）外貌描写

例：学完《中国最出名的农民》，仿照课文的写法，描写一个自己熟悉的人的外貌。

（11）想象写话

例：学完《月光曲》，想象贝多芬飞奔回店后，是怎样度过这一夜的，并具体写下来。

总之，如果在阅读课上完成语言积累，完成作文基础训练，帮助学生储备大量的语言材料，到了作文课上，他们就能得心应手，左右逢源。

24. 让真实的作文在孩子的心灵里安营扎寨

——"捶捶乐"课堂实录与思考

窦桂梅

课堂实录

师：同学们好！

生：老师好！

师：有的同学微笑地看着我，所以，我特别愿意听同学们的问候，还想再听听。同学们好！

生：老师好！

师：这个词是个泛指，可以向我问好，也可以向台下这么多的老师问好。转过去，再一次微笑地看着他们，再问一声好！

生：（转向全体听课老师）老师好！

师：（鼓掌走向一学生）哎，没见过我，对吧！猜猜，我姓什么，多大岁数？

生：30。

师：30，稍微年轻了一点。你妈妈多大？

生：36。

师：36。再猜猜我多大。（指脸）我相信你善于观察，能找到感觉。

生：37。

师：37。祝贺你，我老了一点点。（问另一个学生）那你猜猜我多大岁数？

生：35。

师：35。小了一点点。（拍拍学生肩膀）我跟你的妈妈是——

生：同样的。

师：同样的，36岁。我就像你们的妈妈一样，妈妈爱你们，我也爱你们。我和我的孩子是朋友，当然和你们也就是——

生：朋友。

师：朋友见面，分外亲切，是吗？我相信今天我们的历程，将给你的生命历程留下深深的印记，我们也会给听课的老师们留下难忘的痕迹。那么，好，我们做这样的一个小练习：每一个人，包括窦老师，包括听课的老师，都把手放在自己的肩膀上，（师示范，两手交叉放在肩膀上，闭上眼睛）对着自己的心灵说："我很棒！"

（生安静）

师：（鼓励）大声说出来，我很棒！

生：（齐）我很棒！

师：我真的很棒！

生：（齐）我真的很棒！

师：我真的真的很棒！

生：（齐）我真的真的很棒！

师：有的同学在大声地呼喊，你的灵魂受不了，你的心灵该发颤了。平心静气地用你的声音重重地敲击在你的心灵上。把这三句话完整地来一遍。

生：（齐）我很棒！我真的很棒！我真的真的很棒！

师：找到感觉没有？

生：找到了。

生：找到了，我非常自信。

师：你呢？

生：我也找到了，我也非常自信。

师：你刚才挺会用词，加上个"也"。坐下吧。（面向全体）你们都找到了自己的感受，那么真的——

生：（齐）很棒！

师：真的真的——

生：（齐）很棒！

师：再给你的同桌来一份自信和祝福，拍着你同桌的肩膀，微笑着脸对脸，祝福他们。

师：（引）你——

生：（齐）很棒！

师：你——

生：（齐）真的很棒！

师：你——

生：（齐）真的真的很棒！

师：我也想让你们夸夸我，夸夸台下的老师们，让我们也找到我们的感觉，行不行？

生：（齐）行！

师：来，竖起大拇指。（师竖大拇指示范）可以这样，可以这样，可以这样，都可以。这样，来，来，给我们感觉，想对谁说都可以。

生：（齐）（竖大拇指，对着想说的对象）你很棒！你真的很棒！你真的真的很棒！

师：（竖大拇指）我们大家都真的真的真的很棒！就带着这种感觉，让我们一同走进——（出示多媒体画面）

生：（齐）昨夜星辰。

师：出现了这样的一个乐章，你有怎样的体会？"昨夜星辰"，你联想到了些什么？

生：我联想到昨天晚上星星一定很多，很美。

师：这样很可爱，还有吗？来，还有没有？

生：我联想到昨天晚上并没有很多星星。

师：满天的一眨一眨的没完没了的星星，自然有它自己的内涵和意境。还联想到些什么？难道仅仅是昨天晚上出现的星辰吗？

生：我想到我童年的美好回忆。

生：我想到更多的星辰，每天晚上都有。

师：还有吗？

生：我想到了我的朋友们。

师：是呀，你以往学习的一些伙伴们，你以往经历的所有的事情，就像那天上一眨一眨的星星，伫立在你人生成长的旅途上。那么，咱们就把这么多璀璨的、数也数不清的、你人生经历的那颗星星缩小，定格在我们最近几天所经历的"昨夜星辰"上。比如，就在上一个星期日的这个时候，或者清晨最早的时候，是4月5日——

生：清明节。

师：清明时节——

生：（齐）雨纷纷，路上行人欲断魂。借问酒家何处有？牧童遥指杏花村。

师：在那个时候，我们会送去对故去的亲人、对牺牲的烈士们的问候。过元宵节，过元旦，过新年、新春，我们都会送去对老师的——

生：问候。

生："三八"妇女节那天正好是我妈的生日，我就送给她一束非常美丽的鲜花，还送给她一个大大的蛋糕。

师：是花钱买的吧？

生：是的。

师：是零用钱省下来的吗？

生：没错。

师：多么有孝心的孩子。

生：谢谢老师！

师：哎，激动了吧。好一个爱妈妈的孩子，你们也都是爱妈妈的——

生：孩子。

师：是呀，我们不光问候妈妈，我们还问候爷爷、奶奶、姥姥、姥爷，是吗？我相信，你们不光会用你们的语言捎去无尽的感激和爱戴，你们也会用行动来表达你们的问候。你用零钱去买鲜花，可能你有特殊的经历和记忆。今天窦老师想带给大家一份特殊的小礼物。这个小礼物呀，物美价廉。也许你能把它介绍给你的姥姥、姥爷、亲人、朋友，还包括你的老师们，让它带去你对他们的问候。那么大家看，是什么呢？（出示多媒体画面）没有认识的吧？谁认识？

生：捶捶乐。

师：看把你乐得。哎，他说对了，就叫——

生：捶捶乐。

师：谁到前面，把这几个字写一写？谁敢到前面把"捶"字写一写？你来，好，我们大家跟着他来写写看。（生上台写）

师：一起跟着说说，写得正确吗？

生：正确。

师：你很棒！你领大家读一读这个题目。

生：（领）捶捶乐。

生：（齐）捶捶乐。

师：她这样读你爱听吗？捶捶乐。你爱听吗？你再读读，看着这个字，你心里体会一下。不用讲这个捶什么意思，你用你心里的感受读。

生：（领）捶捶乐。

生：（齐）捶捶乐。

师：这样你愿意听吗？

生：愿意。

师：你再看着这个词，也许和你刚才的味儿又不一样。

生：捶捶乐。

师：捶捶乐！——你听，咱们再读。

生：（齐）捶捶乐。

师：（指生）这是她读的滋味，就这个"捶"，这个"乐"，我找同学再读，读出你自己的滋味。

生：捶捶乐。

生：捶捶乐。

生：捶捶乐。

生：捶捶乐。

生：捶捶乐。

生：捶捶乐。

师：用自己的滋味来读，捶——

生：捶乐。

师：顾名思义，捶捶就——（师笑）

生：（齐）乐！

师：那么，它怎么不说"敲"呀？你说这"捶"和"敲"有什么区别？

生："捶"比较轻点。

师：所以轻轻敲就怎么样？

生：乐！

师：真好，你再读这个词。你味又不一样了，不信你再读读。

生：捶捶乐。

生：捶捶乐。

生：捶捶乐。

师：哎，好了，再读。

生：（齐）捶捶乐。

师：（出示捶捶乐实物）来，用眼睛观察观察。说说吧，你看到了些什么。怎么看的呢，就怎么说。我们六年级的同学我相信，我们可不用再讲什么顺序呀，你根据你自己的观察习惯说出来。

生：我看到了上面是一个蓝宝石一样的球，下面很像一只帮人抓痒的手，中间是一个柄。这样就把两个分散的物体连接起来了。

师：不错，来！（鼓掌）多会观察呀，我发现她多有顺序！没有人教她，她自己却有顺序地观察来讲，而且抓住重点来讲，不该讲的就不讲，我也尊重她。（指其他学生）还想再说说吗？

生：我看到了一个弹簧。

师：嘿，抓住了这个最关键的，你就会想：哎哟，这个地方为什么会搁个弹簧？是不是呀？

生：是。

师：所以呀，我也尊重你，咱们大家也尊重你。她观察时抓住了最关键的地方来说，也可以。还有补充吗？

生：我看到球和弹簧之间有一个托。

师：好，坐下。太好了，亲爱的同学们哪！这个小小的捶捶乐呀，就是我的一个朋友王叔叔开的保健品商店里的一个最便宜的保健品。于是呀，我就在想，我们每个人都有这样那样的爱心，我们不是非得帮王叔叔推销这个产品不可。但是，我们可以拿非常有意义的、实用的东西来表达我们对他人的爱。王叔叔在我临走要到咱们武夷山来时——你们是哪个学校的呀？

生：实验小学。

师：实验小学。我说呀，我要到武夷山去。他说，哎呀，武夷山正是旅游景区，你跟那地方的孩子们交流的时候，不妨向他们介绍介绍我这个产品。我一听，这个忙，咱能帮，咱们帮着介绍，就是来了解了解它，也有利于我们今后对待别人，帮助别人，奉献我们的爱心。所以我就说：行啊，拿来吧！他说呀，那就拜托窦老师，帮我介绍介绍。你们看，这个捶捶乐呀，有一份他们公司写的说明书。（出示多媒体画面）来，让我们"慧眼识文"，看看他这说明书讲的都是些什么。好，同学们，就在刚才，5分钟前，我发给了你们这份说明书，两个人一份，个别同学没有，可以和别的同学一起看。看谁能在最短的时间内迅速地捕捉到说明书的信息，把你获得的信息和大家作作交流。

（生读说明书）

师：好，说说你读了这份说明书后，获得了怎样的信息，了解到了些什么。

生：捶捶乐的作用是舒筋活血，可以治半偏瘫、关节炎、头痛、失眠等症状。

师：你说的这些是讲它的什么？

生：作用。

师：这都是作用吗？

生：适用范围。

师：（对刚才回答的学生）你再说一遍。

生：适用范围。

师：再说一遍。

生：适用范围。

师：比如，（指屏幕上的说明书）我们看这里也行，看你手里那份资料也行。通过阅读，我们了解到这份说明书有一部分写了它的适用范围，是吗？我们一起来聊聊适用范围，能治——

生：偏瘫。

师：学名是偏瘫，我们口语中叫作——

生：半身不遂。

师：还能治——

生：关节炎、头痛、失眠等。

师：这个等是什么意思？

生：还有很多。

师：哦，同学们真了不起。通过我们大家的阅读，我们能迅速地捕捉到这份说明书的适用范围，迅速地捕捉到这样一个关键的信息，这是很好的阅读说明书的一种方法。太好了！我们再说一遍，这个适用范围，能治——

生：偏瘫、关节炎、头痛、失眠等。

师：很好，除了他阅读获得的这份信息，还有吗？

生：我还懂得捶捶乐的作用。它可以调节神经功能，增强身体抵抗能力，以及舒筋活血等，特别是对某些常见的多发病症有独到的治疗效果。

师：好不好？

生：好！

师：好，给这些同学掌声。

（生齐鼓掌）

师：好的，你坐下。知道了它的作用，我们就能运用它去发挥这个作用。同学们，为了强化它，咱们一起再聊聊。用捶捶乐敲击身体各关节、肌肉及相关穴位，就能调节——

生：神经功能，增强身体抵抗能力，以及舒筋活血等。

师：特别是对——

生：某些常见的多发病症有独到的治疗效果。

师：这篇说明书就讲了这两个作用吗？只讲了这两个方面的内容吗？作用、范围，还有什么？一起说说。这位举手的同学。

生：使用方法。

师：使用方法。你看，分成了几部分来写的？

生：两部分。

师：作为六年级的同学，我相信你一定能概括，哪两部分？你就用两个字概括，或用一个词组列个小标题。第一种情况是什么？

生：无病。

师：OK，OK，太棒了，太棒了。另一个是——

生：有病。

师：一句话，就是有病的时候是吧？再聊聊，有病的时候怎样，无病的时候怎样？

（生交流）

师：（指生说）好。

生：无病的时候，先捶打全身，操作时主要是腕部用力，捶的力道由轻而重，速度由慢而快，或慢一阵、快一阵地交替进行。捶打10分钟后，再捶打2至3次，20到30分钟。这个有点像那个阿是穴。

师：阿是穴？我不懂啊！

生：阿是穴，就是你关节痛，然后你就拿针刺到那关节上的地方。

师：这类方法是相通的，是吧？好的好的，讲完了吗？你刚才说的腕部用力，怎么用力？

（生举起捶捶乐敲背部，背向大家）

师：高高地试试，举起手，让同学们都能看到。到前面来表演一下，腕部用力怎么用力。你把手拿到前面试试，可以吗？面对大家试试，可以吗？不可以，要不要叫个同学帮你？

（生试）

师：啊，腕部用力。通过他俩的示范，我们终于明白了该在哪儿用力。来，我们都试试。这个同学拿到这儿（中部）合适吗？

生：不合适。

师：那这个同学拿到这儿（中上部）合适吗？（指另一生）太往上了就不合适了，灵活度不够。杠杆太短了，就会影响它。我们一起试试。

（生试）

师：好好好，请回。明白了啊，真好。通过刚才同学们的交流，我们明白了它的使用方法。你们别小看这小小的捶捶乐，用法还挺复杂——无病的情况下怎么用，有病的情况下又怎么用。这一份说明书给你留下了怎样的印象？你觉得它怎样？

生：我觉得它很有说服力。

师：为什么？

生：因为它介绍了捶捶乐的适用范围、使用方法，还有作用。

师：哦，那也就是写得很——

生：详细。

师：哦，你很会评判，王叔叔听了该多高兴。

生：我觉得这份说明书写得相当不错。它写出了适用范围、使用方法，还有作用。这样让人们一看就懂，就知道捶捶乐有什么作用。

师：一目了然。哦，作用，冒号，方法，冒号，然后是——

生：适用范围，冒号。

师：哦，是，你这个评价也是不错的。还有没有？像这个同学说的，有说服力，写得还很细、很美、真实，是吗？告诉你有病的时候用几分钟，没病的时候用多少分钟，怎么样由慢到快，怎么由快到慢，交替进行。综合一句话，就像这几个同学说的，这个说明书写得怎样？比较真实。（板书：真实）没有浮夸的迹象是吧？但是同学们，王叔叔就对这份说明书不满意。他跟我探讨过，因为我教语文，所以他跟我说，他说我呀，到过许多国家，到过美国，到过澳大利亚，还到过德国，因为我是做生意的商人，我呢，是搞保健医药商品的，所以特别留心观察那里的说明书。他说，我发现国外的说明书呀，不像中国的说明书都是千篇一律的——作用，冒号，方法，冒号，范围，冒号。当然，像你们说的很简洁。可是他就说，我总觉得千篇一律就意味着僵化，就意味着模式，就意味着死板。于是他说，你能不能帮我个忙呀？我也上网查过，查到一条信息：在意大利，所有的药品、医药保健品，说明书呀从来不像我们这样写。你吃什么药，一顿吃几粒，有什么病人要注意，要不然就出危险，写得是很简单、很简洁。但是意大利的说明书有最突出的特点——它都用诗歌来写。尤其是治疗癌症、非常严重的疾病的那些药品，说明书都用非常优美的语言，激发这个人吃吧，吃吧，快吃吧，吃了你就好了。（生笑）

师：然后，这个人看了这个说明书，越看越想看，越看越想——

生：吃。

师：心情还好。哎呀，这个方面我觉得对咱们真的有触动。作为21世纪的孩子，我们觉得说明书难道就非得用这么一种方法写？我们就没有别的可写的？你说王叔叔，你说人家多有经济头脑，还有文化头脑。我一想，嘿，就给我们武夷山邵武实验小学六年级的同学们提供锻炼、创造的机会吧。我们就大胆地想象和驰骋，在不违背真实的前提下，我们怎么改编、创造？一份说明书怎么才能让大家越听越爱听、越听越想听？我相信你们，你们肯定能行，因为你们真的——

生：（齐）很棒！

师：你们真的真的——

生：（齐）很棒！

师：前后桌商量商量，看看怎样创造出说明书来。

（生前后桌讨论）

师：（巡视指导）好的好的，来来来。我走了几个座位，听到很多想象和创造。我相信，只要是你想的，只要是你创的，都有你的根据和理由，都是值得我们大家欣赏的。来，把你的想法说出来，大家一起共享你的这份创造和创意。来，谁试试？

生：我想把这个捶捶乐拟人化，让它自我介绍。

师：掌声。

（生鼓掌）

师：用第一人称的方法，你想怎么介绍？举个例子。

生：比如说，"我是捶捶乐"。然后说我有什么作用。

师：看起来就亲切了，拟人化了，把它当人来写。好！还有吗？

生：我想用对话的形式。这样的话，捶捶乐就更容易进入普通家庭，进入社会了；大家就能够接受它出现在大家的生活中；捶捶乐就会被更多的人接受。

师：掌声祝贺。

（生鼓掌）

师：她说采用对话的形式，举个例子。比如——

生：你这几天活得怎么样？

师："活得这么样"，"活"这个词不太合适。

生：我这几天天天头痛、失眠，你能不能帮我治治这个毛病？

师：你呢？

生：我会说，那你可以用捶捶乐呀！

师：哦，明白了。一个是老李，一个是老王，你俩刚才进入生活中，用生活的语言情不自禁地把这点盐给装进去了，炒点菜，连汤带水地让老王和老李都吃进去了，说明也明白了。很好，很好，坐下。掌声再次祝贺！

（生鼓掌）

师：还有没有？

生：我觉得现在的老人家得了疾病会比较悲观。如果我把这些使用方法录到一盘磁带里头，然后用山东快板，"当里个当"，"当里个当"，老人家会比较爱听，会比较容易接受。

师：怎么就不可以呢，配上一盘磁带？还有吗？

生：我觉得可以用一首歌唱出来。

师：哦，创作歌词，编一首歌，把说明书放里头。完全可以，掌声祝贺！还有没有？

生：可以编成顺口溜，那样又好听又好记。

师：像打油诗那样，把它编成顺口溜。好的，一会儿就等着你们的创造。同学们，你们真的很了不起呀。我们看，像刚才有的同学说的那样，我们有的时候也不妨画上一个——

生：（齐）图。

师：哎，图文——

生：（齐）并茂。

师：（画面出示图）也让他来看着图说一说。比如说，头痛，我们就敲——

生：（看图说）太阳穴和风池穴。

师：失眠呢？

生：身柱。

师：膝关节呢？

生：膝关。

师：对了，这也是一种——

生：方法。

师：挺好，刚才有个同学知道了没说。很好，这也是一种方法。那么，因为刚才大胆地创造，我送给你们一句话：（出示多媒体画面）你们已经把这个说明书——

生：（齐）锦上添花。

师：好的，一会儿就让我们真的动起手来，锦上——

生：（齐）添花。

思　考

我们的语文教师应该让学生们走进生活，体味生活，也应该让他们有一双善于发现的眼睛，有一颗善于捕捉文学、捕捉语文的心灵，去感受生活。

比如说，有两个人同时骑自行车下山，都不知道前面有个大坑。第一个骑下去倒了，站起来骂道：今天真倒霉！谁这么缺德？然后，拍拍腿走了。第二个人也倒了，但是他一边拍腿一边想：唉，为什么会有个坑呢，我怎么栽了呢？……这些经历写出来就是一篇作文。我们的孩子们应该有一双善于捕捉生活、高于生活的眼睛。

再有，我们的写作技巧研究可以说是成绩卓著，上新华书店看看，什么快速什么法……但是，快速什么法你得肚子里有东西啊！有了前提才能谈快速什么法。你没有"内容"怎么能生出孩子呢？我们要讲技巧，但是，我们该怎么把技巧于无形中教给孩子？比如观察，我们老师就该弄清楚，作文的观察与生物、化学上的观察是不一样的。

要说的太多太多，今天我就说下面的一段话。

新课标就是要我们放下架子，蹲下身子，让我们的作文以平民的意识走近孩子。君不见，孩子们唯恐他们的爸爸、妈妈、老师登不上作文的大雅之堂，他们正以一支生花妙笔对他们的爸爸、妈妈、老师涂脂抹粉，非得把笔下的人物变成重工作、不重家庭的公众人物。因为不懂得作文的本质，在选材立意要精要新的劝导下，孩子们不再童言无忌。于是，他们的作文远离了平凡的世界、平凡的生活、平凡的思想、平凡的情感，留下的只有东拼西凑的故事和似曾相识的语言。我们的乡村小学生，很少有人能写出散发泥土芬芳的作文。一群群质朴的乡下孩子，只会用陌生的语言描写那遥远的城市生活。我不明白，孩子们为什么不看看那沉默的远山、沉寂的池塘、广袤的原野？为什么不写写屋前的那棵大樟树、路边的马尾巴花？一个乡下的孩子失去了乡里的童趣，这是不是一种为城市文化所颠覆的可悲呢？老师们，我们该怎么办？作文之所以失真，关键在于他们在错误的作文观念下，心灵没有说话，思想没有说话。当他们想说时，真实的思想与心灵的感觉往往被公众的言辞所淹没。因此，我想对各位老师说，只要我们活着，只要我们站着，我们就要活得最美丽。只要我们是语文老师，我们就应该让真实的生活、真挚的情感、真切的思想在孩子们的心灵里安营扎寨。

巴金说得多好啊：写作就是无技巧地再现生活。我们就是要无技巧地教给孩子生活，也应该深情地，一直"横亘"到底地告诉他们：生活就是作文。我们回首几千年的中国文化，有那么多的大师横空出世，他们的作文功底从哪里来？当然，读书是他们的生活，那是间接的。读书也是学习作文的一个法宝，但是，生活更是学习作文的法宝。区别在于一个是直接的，一个是间接的而已。

说一千，道一万。"众里寻他千百度，蓦然回首，那人却在灯火阑珊处。"今天谈创新，谈新作文，其实没有"新"，只是让我们返璞归真。我们的创新作文不是游戏作文。创新作文正本清源，回归本质的话，还是生活，还是我口抒我心，我手书我口。